AF378991

Frias Navarro, Matilde
       Desarrollo pedagógico de las instituciones educativas / Matilde
Frías Navarro. — Bogotá: Cooperativa Editorial Magisterio, 2001. 256
p. ; 21 cm. — (Colección Mesa Redonda)
       Incluye bibliografía.
       1. Proyecto educativo institucional 2. Planificación educativa
I. Tít. II. Serie
375 cd 19 ed.
AHE3024
                    CEP-Biblioteca Luis-Angel Arango

MATILDE FRÍAS NAVARRO

DESARROLLO PEDAGÓGICO DE LAS INSTITUCIONES EDUCATIVAS

UNA PERSPECTIVA PARA EL SIGLO XXI

cooperativa editorial
MAGISTERIO

Colección Mesa Redonda

DESARROLLO PEDAGÓGICO DE LAS INSTITUCIONES EDUCATIVAS

Una perspectiva para el siglo XXI

Autora
© *MATILDE FRÍAS NAVARRO*

Libro ISBN: 978-958-20-0614-3

Primera edición: Año 2001.

© *COOPERATIVA EDITORIAL MAGISTERIO*
Diag. 36 Bis # 20 - 70 Park Way - La Soledad
Celular: (+57) 312 4354489
Bogotá, D.C., Colombia
www.magisterio.com.co
info@magisterio.com.co

Dirección General
ALFREDO AYARZA BASTIDAS

Dirección Editorial
PIO FERNANDO GAONA

Impresión:

CONTENIDO

*Los tiempos difíciles suelen ser aquellos
en que uno se formula las preguntas importantes
y en que, para sobrevivir,
necesita contestar a esas preguntas lo antes posible.*

Tomás Eloy Martínez

*La autonomía consiste en internarse
en un camino de transformación
y en explorar el inventario de nuestras posibilidades.*

H. Trocmé-Fabre

Agradecimientos

A los integrantes de los Consejos Directivos y Académicos de las instituciones educativas del sector oficial y privado de la localidad 14, Mártires, de Bogotá D.C., que respondieron a la convocatoria de los supervisores de educación, con el fin de debatir sobre algunos de los temas de esta obra.

A mis hijos, los primeros lectores de este libro, en sus manuscritos.

A la profesora Martha Eugenia Molano Fonseca, por su paciente lectura y por las oportunas observaciones y correcciones que hizo al primer borrador de este libro.

Presentación

La presente obra se ha concebido en el marco del desarrollo de la autonomía en instituciones de educación preescolar, básica y media. El libro se divide en cuatro capítulos que corresponden a momentos fundamentales en la vida de las instituciones educativas[1], tanto del sector oficial como privado.

El primer capítulo presenta un planteamiento general del concepto de calidad de la educación y del rol actual del supervisor de educación, desde la perspectiva de su liderazgo frente a proyectos que generen autonomía en las instituciones.

El segundo capítulo desarrolla el tema de la autoevaluación y crecimiento institucional, haciendo referencia a la

---

1. La denominación *instituciones educativas* hace referencia a los centros escolares constituidos por niveles de educación preescolar, básica y media.

autocrítica, la visión del pasado y una proyección hacia el futuro.

El tercer capítulo trata el tema del manejo de conflictos en las instituciones educativas, ilustrándolo con casos significativos que muestran diversas alternativas de conciliación, análisis de situaciones problemáticas e interpretación de las facetas del conflicto a la luz de algunas propuestas teóricas.

El cuarto capítulo señala derroteros para la consolidación de Consejos Académicos institucionales y locales, a través del planeamiento y ejecución del trabajo académico con base en proyectos y la constitución de redes que permitan la construcción de conocimiento pedagógico y su proyección en el ámbito local y nacional.

La obra persigue abrir un espacio de reflexión sobre el diseño y desarrollo del Proyecto Educativo Institucional (PEI), es decir, su gestión, a través del análisis de algunos factores y situaciones de la vida escolar, relacionados directamente con la autonomía. Cada uno de sus capítulos pretende motivar hacia un debate que será más productivo, en tanto se profundice en los diversos temas, mediante la lectura de otros textos, los encuentros pedagógicos de los maestros, la constante actualización y la elaboración de proyectos de innovación e investigación para ser implementados en las instituciones educativas.

INTRODUCCIÓN

La *Misión Ciencia, Educación y Desarrollo* "integrada por colombianos con eximias calidades humanas, profesionales y científicas", con el fin de elaborar "una carta de navegación para el futuro educativo y científico con miras al siglo XXI", estableció "cuatro núcleos problemáticos que en este momento histórico parecen ser los más críticos para emprender un análisis transversal de la situación educativa del país"[2] . Son éstos: La calidad de la educación, el predominio de la instrucción, el descuido de los valores y principios y el olvido de las organizaciones.

En cuanto al primer "núcleo", se trata de establecer una íntima relación entre criterios cuantitativos y cualitativos,

---

2. Misión Ciencia, Educación y Desarrollo (1997): *Colombia al filo de la oportunidad.* Santa Fe de Bogotá D.C., IDEP, p. 147.

en razón de que la respuesta positiva que se dé a los padres de familia y a los estudiantes ante sus expectativas, disminuirá los niveles de frustración que conducen a crisis personales y familiares, reflejadas en actitudes como la deserción, la indiferencia o a veces la agresividad frente a situaciones concretas de la escuela, y el escaso o nulo significado que se da desde la familia y la sociedad a la educación que se imparte en las instituciones.

El segundo "núcleo problemático" hace referencia al predominio de la instrucción sobre la concepción que enfatiza procesos de construcción de conocimiento. Por encima de una pedagogía de experiencias rígidas y vacías, debe colocarse aquella pedagogía de la exploración, la construcción y la creatividad, para que la educación tenga un verdadero sentido frente a los cambios actuales y las exigencias del arte, la ciencia y la tecnología, y pueda dar respuesta efectiva a los requerimientos de la nueva sociedad.

El tercer "núcleo problemático", tiene que ver con el descuido de los valores y principios, esto es, "la formación de actitudes y valores ciudadanos y democráticos en los niños y jóvenes", vinculada directamente a la calidad de la educación.

El cuarto "núcleo problemático" presenta el tema de los sujetos colectivos que educan, en las instituciones educativas como organizaciones sociales. En este tópico se habla de la evaluación dirigida a los diferentes factores que afectan la calidad de la educación en general, y la evaluación de la calidad de las organizaciones, sobre aquella que privilegia el desempeño individual.

El Supervisor de Educación que diseña proyectos de innovación o investigación, como apoyo a los Proyectos Educativos

Institucionales –PEI– y con el objetivo de mejorar la calidad de la educación, tendrá en la mira estos cuatro núcleos problemáticos planteados por los comisionados de la Misión Ciencia, Educación y Desarrollo, para cumplir, a su vez, con la función de supervisar, evaluar y asesorar procesos educativos.

Un proyecto centrado en el tema de la autonomía institucional, tomando como ejes la autoevaluación, el manejo de conflictos y la consolidación de Consejos Académicos institucionales y locales, como centros de construcción de conocimiento, puede constituirse en una estrategia para empezar a solucionar las situaciones que tienen que ver directamente con los cuatro núcleos problemáticos planteados en los párrafos anteriores.

La mirada crítica hacia los procesos administrativos y académicos de la institución, el establecimiento y validación de mecanismos de tratamiento de conflictos y el permanente contacto de grupos interdisciplinarios para la construcción de conocimiento, bajo el liderazgo del rector o la rectora y contando con su apoyo, redundarán en un mejoramiento de la calidad de la educación, en un predominio de creativas experiencias pedagógicas de construcción sobre las de instrucción, en un reconocimiento de los valores y principios en la escuela y en verdaderas instituciones como organizaciones educadoras, desde la perspectiva de sus planteamientos y acciones en materia de comunicación, gestión, transformación y generación de aprendizajes significativos.

Se trata, entonces, de alcanzar la autonomía institucional en relación directa con la calidad y lograr esta última mediante:

- El desarrollo de procesos de autoevaluación crítica permanente, que permitan diseñar innovaciones en materia de pedagogía y de gestión.

- La convivencia, en el contexto de la consideración de valores y principios ciudadanos y democráticos, y como producto del manejo de conflictos, fundamentado, planeado y concertado.

- La consolidación de Consejos Académicos institucionales y locales, centrados en el desarrollo de proyectos y en la constitución de redes de construcción y difusión de conocimiento, como organizaciones educadoras que se autorregulan y responden ante la comunidad académica por su gestión.

El *Plan Decenal de Educación 1996-2005*[3], elaborado con criterios de política de Estado, también contempla estas metas, cuando se refiere a: "Lograr que la educación sirva para el establecimiento de la democracia, el fomento de la participación ciudadana y la construcción de la convivencia pacífica; asegurar que todas las instituciones de educación básica tengan posibilidad real de proporcionar una educación completa y de calidad". Dicho Plan también ha previsto entre sus estrategias y programas de acción "elevar la calidad de la educación", "fortalecer la institución educativa" y "mejorar la gestión educativa".

Inquietudes como las planteadas en el documento de los comisionados para la Misión Ciencia, Educación y Desarrollo y en el Plan Decenal de Educación, también se han visto plasmadas en el Informe a la Unesco de la Comisión Internacional sobre la educación para el siglo XXI[4], particularmente lo que tiene

---

3. Ministerio de Educación Nacional (1996): *Plan Decenal de Educación*. Santa Fe de Bogotá D.C. Magisterio.

4. DELORS, Jacques, (pres.) (1996): *La educación encierra un tesoro*. Madrid. Santillana.

que ver con el tema de la autonomía, al cual se hace referencia, anotando cómo "una de las primeras funciones que incumben a la educación" es la de "lograr que la humanidad pueda dirigir cabalmente su propio desarrollo" (...) para contribuir al progreso de la sociedad, "fundando el desarrollo en la participación responsable de las personas y las comunidades".

Por todo lo anteriormente expuesto, se hace necesario responder en forma oportuna y eficaz a planteamientos y propuestas del orden nacional e internacional, a fin de abrirle las puertas al siglo XXI con alternativas viables para solucionar problemas en el campo educativo.

En este orden de ideas, se propone que un proyecto de desarrollo de la autonomía institucional sea considerado sobre la base de tres ejes, cada uno de los cuales se puede llevar a cabo con una estrategia específica, así:

EJES	ESTRATEGIAS
Autoevaluación y crecimiento institucional	Socialización entre pares
Manejo de conflictos	Estudios de caso
Consolidación de Consejos Académicos institucionales y locales, como centros de construcción de conocimiento	Planeación y desarrollo del trabajo académico con base en proyectos

En el primer eje se confrontan los planteamientos y puntos de vista de instituciones educativas que actúan como pares, para mostrar cómo se han venido desarrollando sus Proyectos Educativos Institucionales-PEI. En este proceso, la autoevaluación es el centro del trabajo. La socialización abre un espacio para la confrontación de ideas, el enriquecimiento mutuo, la orientación de los PEI y su cualificación.

En el segundo eje se toman casos concretos de instituciones, que se han detectado en visitas directas de la Supervisión de Educación o por presentación de consultas o quejas sobre asuntos concernientes al proceso educativo. Tomando como base autores como Best, H. Cerda, Carlos Vasco y Noé Ríos, se han estudiado situaciones conflictivas de las instituciones, que comprometen directamente a los Consejos Directivos o Académicos y a las Comisiones de Evaluación y Promoción. En reuniones con las instituciones educativas, con una guía de estudio de caso, se discuten diversos puntos de vista sobre el manejo y la solución del conflicto planteado y se culmina con una puesta en común, para comparar las conclusiones de cada grupo y analizar las diferentes alternativas propuestas.

El tercer eje tiene en cuenta los puntos vertebrales derivados de los dos ejes anteriores, como problemas recurrentes en las instituciones, que necesitan solución con una asesoría específica que se desarrolle partiendo de la planeación del trabajo académico con base en proyectos. Igualmente, la presentación pública de experiencias de innovación o investigación llevadas a cabo en las instituciones, será de gran utilidad para aglutinar intereses en torno a temas, tendencias o áreas de trabajo. De esta manera se logrará no sólo la orientación a los maestros en general, sino también la consolidación de Consejos Académicos institucionales y locales, como centros de encuentros pedagógicos y construcción de conocimiento, que se traduzcan en el diseño de nuevos proyectos para implementar en las instituciones, y en la elaboración de artículos, documentos, revistas, libros, audiovisuales o textos electrónicos que puedan ser utilizados para orientar la gestión académica y administrativa.

Como se advierte, los tres ejes guardan estrecha relación entre sí. A su vez, cada eje se constituye en un capítulo de la presente obra, la cual se ha proyectado como un material de apoyo para la formación en la autonomía, de padres de familia, estudiantes y profesionales de la educación, como autoevaluadores críticos de su propia gestión, protagonistas en el manejo de sus conflictos y forjadores de su crecimiento profesional, a través de la consolidación de Consejos Académicos institucionales y locales donde el debate, la confrontación de ideas y proyectos, la construcción de conocimiento y la producción de documentos, sean la clave del quehacer docente.

Desde esta perspectiva, no se considera la autonomía desligada del apoyo que debe brindar el Estado a las instituciones y su responsabilidad directa como garante de la calidad de la educación. Tampoco se insinúa la posición extrema de confundir la libertad con la anarquía, por cuanto "la autonomía es la garantía que el Estado concede a las instituciones comprometidas con la creación del conocimiento (...) no es un fuero que justifique el rechazo a toda norma, ni un artificio legal para evadir la responsabilidad social"[5].

El concepto de autonomía se ha concebido en el contexto de la "mayoría de edad"[6], de la capacidad para ser uno mismo, esto es, conocerse, autocriticarse, trazarse metas y señalar derroteros con responsabilidad, compromiso y madurez personal y profesional. En otras palabras, se trata de gobernar la

---

5. Misión Ciencia, Educación y Desarrollo, Op. cit., p. 211.

6. Concepto de Enmanuel Kant, opuesto al de "la minoría de edad". Este último, según el filósofo en su texto *¿Qué es la ilustración?*, "es la incapacidad (del hombre) de servirse de su propio entendimiento sin la dirección de otro".

propia vida que, para el caso particular de esta propuesta, es la vida escolar.

En este orden de ideas, la autonomía se concibe como un derecho, pero a la vez como un deber. Derecho, en tanto corresponde a cada institución optar por su espacio de desarrollo y productividad académica, de acuerdo con sus propios principios y criterios y, por supuesto, en el marco de la Ley. Deber, porque es casi una obligación, asumir la decisión de la independencia en el marco del cumplimiento de las normas legales, con sentido de participación democrática e interacción permanente entre los miembros de una comunidad educativa.

DISEÑO DE UN PROYECTO DE AUNONOMÍA INSTITUCIONAL: UNA PERSPECTIVA DE CALIDAD PARA EL NUEVO MILENIO

LA CALIDAD DE LA EDUCACIÓN

La calidad de la educación se ha revelado en los últimos tiempos como una necesidad y un hecho construido y dependiente de todas y cada una de las personas que tienen la responsabilidad en la formación de niños y jóvenes.

Es una necesidad, en tanto la vida presente y futura de los países, en el plano de lo económico, social, cultural y del rescate de valores, está clamando por una reorganización de los procesos educativos, que tienda hacia la excelencia. En manos de la educación —y particularmente de los educadores— está, en gran medida, levantar países pujantes, pacíficos y ajenos a la corrupción.

La calidad de la educación es, a su vez, un hecho que se construye, en el sentido de que no se da por circunstancias fortuitas sino elaboradas sobre la base de la experiencia, el conocimiento y la planeación. Desde este ángulo, calidad implica, entre otros factores: establecimiento de diagnósticos, determinación de políticas claras, acordes con los requerimientos de la sociedad y de cada país, diseño y desarrollo de proyectos, trabajo de aula con base en la investigación, propuestas rigurosas para abordar el proceso de producción de conocimiento y búsqueda sistemática de soluciones a los problemas.

La tarea de promover una educación de calidad compete a todos los que de alguna manera tenemos que ver con el tema: los padres de familia, primeros educadores de los hijos; los directivos y maestros de las instituciones educativas, líderes de proyectos que respondan a las expectativas y necesidades de la comunidad educativa y los más interesados en asumir opciones de actualización; el Estado, garante del derecho a la educación y responsable de velar por la cualificación de los educadores, la promoción docente, los recursos educativos y la innovación e investigación en educación.

Aunque "no existe unidad de criterios en los enfoques que se utilizan para definir la calidad de la educación"[7] se pueden

---

7. ALVIAR, Mauricio, POLANÍA, Doris: "La calidad de la educación". En: *Educación y cultura*. Revista del Centro de Estudios e Investigaciones Docentes de la Federación Colombiana de Educadores - FECODE, Santa Fe de Bogotá D.C., No. 29 (marzo de 1993); p. 30.

recoger puntos centrales de algunas concepciones para ampliar ideas ya planteadas sobre el tema.

Según la propuesta de Herrera y otros investigadores, "las principales notas que, con respecto a la calidad, definen la educación que se diseña, son las siguientes: orientación, prospectiva, relevancia individual y social, inserción nacional y proyección planetaria, eficacia para el pleno dominio de la comunicación, orientación hacia el logro de una generalizada calidad de vida, orientación hacia una educación liberadora y dirección hacia la igualdad de oportunidades"[8].

Por su parte, Mauricio Alviar y Doris Polanía, en un estudio realizado para Fedesarrollo, en Colombia, afirman que "dado el nuevo modelo de desarrollo, el Estado debe tener como prioridad en materia educativa el mejoramiento de la calidad de la educación para afrontar el reto de un mercado laboral más dinámico". Según los autores mencionados, el estudio sobre la calidad de la educación debe incluir varios aspectos, entre los cuales mencionan "las características propias de los programas educacionales, los procesos y productos, así como su acercamiento a patrones de valor, utilidad, mérito"[9].

En general, los conceptos sobre calidad de la educación se formulan sobre la base de identificar indicadores, muchas veces "tradicionales" (no por ello inadecuados) como en los casos referidos en los párrafos anteriores. Pero también

---

8. HERRERA, Amílcar, otros (1977): *¿Catástrofe o nueva sociedad? Modelo mundial latinoamericano.* Centro Internacional de Investigaciones para el Desarrollo - CIID. Fundación Bariloche, Argentina, p. 91.

9. ALVIAR, Op. cit., p. 31.

existen propuestas que presentan indicadores de calidad de la educación desde otra óptica, como los sugeridos por Carlos Vasco, con algunos ejemplos concretos: la niña que le pide a su mamá que le lea todas las noches una página del texto de sociales ("esa es la mejor evaluación del texto y de esa área"); los alumnos que a la salida del colegio se quedan tocando flauta en el pasto ("esa es la mejor evaluación del área de educación estética musical"); o los niños que preguntan por qué los sábados o los domingos no los dejan ir a su colegio ("ese sí es un indicador de calidad")[10].

Desde la perspectiva de Vasco, se evalúa la calidad de la vida educativa, hecho que va más allá de la evaluación de la calidad de la educación reducida al "rendimiento escolar", en tanto comporta más dinamismo, confrontación con la realidad y visión de la proyección educativa en situaciones específicas como las formas de convivencia en la institución escolar, los diferentes tipos de evaluación que se emplean y la infraestructura de la planta física de la institución, entre otros.

Se contemplan, de esta manera, diversas dimensiones del hecho educativo, sin dejar de lado la consideración de la salvedad que hace el mismo Carlos Vasco de que "hay que lograr que esa satisfacción que ellos" (los estudiantes) "sienten, corresponda al deseo de aprender que tienen".

En este orden de ideas, cuando en la presente propuesta se afirma que la calidad de la educación tiene diversas facetas

---

10. VASCO, Carlos: "Currículo, pedagogía y calidad de la educación". En: *Educación y cultura*. Revista del Centro de Estudios e Investigaciones docentes de la Federación Colombiana de Educadores - FECODE, Santa Fe de Bogotá D.C., No. 30 (julio de 1993); p. 12.

y está determinada por muchas variables, se está haciendo referencia a la calidad de la vida educativa como una vivencia y, en cierta forma, un proceso cultural; vivencia y proceso que se traducen en situaciones concretas del quehacer educativo compartido por estudiantes, maestros, padres de familia y comunidad en general.

El Ministerio de Educación Nacional de Colombia habla de la calidad de la educación refiriéndose al hecho de que el "sistema educativo" cuente "con buenos niveles de cobertura" y tenga garantizada "una infraestructura adecuada y la dotación de los insumos básicos para los procesos educativos". Además, "la calidad educativa se puede mirar desde el punto de vista peda-gógico, pensando en los procesos que la institución desarrolla para construir el conocimiento y las formas de convivencia y participación con sus estudiantes; y también observando aquellos mecanismos que permiten vincular la institución con la comunidad y con el entorno"[11].

De otra parte, en el documento de la *Misión Ciencia, Educación y Desarrollo* se hace referencia a la calidad de la educación, como "la coherencia de todos los factores de un sistema educativo que colma las expectativas de una sociedad y de sus más críticos exponentes". Entre dichos factores se mencionan los insumos, procesos, agentes, ambientes y productos del sistema[12].

---

11. MINISTERIO DE EDUCACIÓN NACIONAL (1997): *Autoevaluación y mejoramiento institucional.* Santa Fe de Bogotá D.C., p. 9.

12. MISIÓN CIENCIA, EDUCACIÓN Y DESARROLLO, Op. cit., p. 189.

También se asocia la calidad, con la autonomía, en el sentido de que "sólo es posible una gestión de calidad en el marco de cierta autonomía institucional"[13]. En este caso, se privilegian condiciones como la existencia de principios educativos y objetivos claros, la preparación de programas de gestión de los propios recursos económicos, el ejercicio de la responsabilidad compartida y la competencia y liderazgo de los directivos.

A su vez, entre los factores asociados a la calidad, se encuentra el de la intervención del supervisor de educación, responsable de la inspección y vigilancia del servicio público educativo, mediante el control, la supervisión, la evaluación, la orientación y la asesoría. En este aspecto, en esta obra se opta por la tendencia a minimizar el "énfasis en el concepto de control e inspección al final de los procesos, para dar prioridad a la previsión y prevención de sus fallas"[14].

LAS TENSIONES DEL SIGLO XXI

Con visión al siglo XXI, y en el marco de un concepto moderno y dinámico de inspección y vigilancia, se han de proyectar las acciones del supervisor de educación, como líder de una comunidad, generador y dinamizador de proyectos, asesor de asuntos pedagógicos y administrativos en las instituciones, y orientador de procesos en pro de la calidad de la educación.

---

13. MUÑOZ-REPISO IZAGUIRRE, Mercedes: "La calidad como meta". En: *Cuadernos de pedagogía.* Barcelona. No. 246 (abril de 1996); p. 53.

14. MISIÓN CIENCIA, EDUCACIÓN Y DESARROLLO, Op. cit., p. 130.

En este orden de ideas, se puede partir de lo que Jacques Delors ha denominado "las tensiones que han de superarse" y que "están en el centro de la problemática del siglo XXI": "La tensión entre lo mundial y lo local, entre lo universal y lo singular, entre tradición y modernidad, entre el largo plazo y el corto plazo, entre la indispensable competencia y la igualdad de oportunidades, entre el extraordinario desarrollo de los conocimientos y las capacidades de asimilación del ser humano, y entre lo espiritual y lo material"[15].

LA TENSIÓN ENTRE LO MUNDIAL Y LO LOCAL Y ENTRE TRADICIÓN Y MODERNIDAD

La visión de Delors hace referencia a ser ciudadano del mundo, sin perder las raíces, en el caso de lo mundial y lo local, y en el segundo caso, el de la tradición y modernidad, se refiere al hecho de "adaptarse sin negarse a sí mismo, edificar su autonomía en dialéctica con la libertad y la evolución de los demás, dominar el progreso científico". ¿Cómo lograr desde la supervisión de educación este propósito conciliador, este término medio?

Tratándose de un proyecto que tiende hacia el logro de la autonomía institucional, quien pretenda ser su orientador, deberá partir del ejercicio de la autoridad moral para ejercer esta función, demostrando su propia autonomía. En el marco de la tensión entre lo mundial y lo local, el supervisor de educación se abrirá a diferentes perspectivas que en el mundo se han planteado sobre su gestión y desde esta óptica asumirá su compromiso con la tarea educativa en el país y en un sector local, con una comunidad específica.

---

15. DELORS, Op. cit., p. 16-18.

Esta convicción sobre una visión mundial y su relación con lo local, de seguro le prepararán el camino hacia la autonomía, en tanto será más rica la práctica centrada en la interpretación y comparación de diferentes puntos de vista sobre unas funciones específicas, que aquella de la aceptación pasiva y muchas veces cómoda de un rol carente de espacio y de futuro ante las expectativas y demandas del nuevo siglo. Esta última actitud encarna una irracional dependencia de lo tradicional y a veces del "facilismo", por la asunción de acciones simples, en ocasiones con carácter "inmediatista", y la poca profundidad en el ejercicio de la función supervisora. Actitud que resulta tan dramática como aquella señalada en 1979, por Ivon Le Bot, sobre "la inspección" que en Colombia "reviste muchas veces un aspecto formal y burocrático", dado que "los inspectores nacionales teóricamente tienen una función de orientación, evaluación y divulgación de las normas y disposiciones promulgadas por el ministerio. En realidad, dado el número de establecimientos docentes en el país, los inspectores nacionales dedican la mayor parte de su actividad a la visita a planteles para aprobación y control de pensiones y matrículas"[16].

Habrá que empezar por detallar cuál es el objeto de la supervisión educativa, para lo cual se podría partir de la propuesta de Elfio Pérez Figueiras, centrada en la premisa de que "la supervisión es el garante del funcionamiento del sistema escolar y se encarga de su vigilancia, orientación y evaluación", ya que la supervisión "no sólo se empeña en conocer el sistema escolar, sino también en programar cómo transformarlo y per-

---

16. LE BOT, Ivon (1985): *Educación e ideología en Colombia.* Medellín. Lealon. 2ª edición, p. 228.

feccionarlo"[17], lo cual, como el mismo autor anota, hace que la supervisión sea reconocida como un factor de calidad.

En el marco de la "tensión entre lo mundial y lo local", puede ubicarse una primera conclusión de Pérez, que hace referencia al hecho de que "la función supervisora, aunque con valores y métodos estables y universales, en cuanto a su justificación y actuaciones, tiene que irse adaptando continuamente al sistema político, al sistema administrativo, al sistema escolar y fundamentalmente al sistema cultural, científico y técnico de la sociedad"[18].

De lo anterior surge la idea que hace énfasis en el hecho de que la naturaleza de la función supervisora, desde el ángulo de la inspección y vigilancia centrada en la evaluación, orientación y asesoría, debe ser tan flexible –sin caer en la improvisación– como los hechos, circunstancias y momentos coyunturales de un sistema se lo exijan, en cuanto su misión es responder al proceso de cualificación de la educación de un país, con criterios sólidos y estrategias contundentes.

Aquí se articula la visión relacionada con la tensión entre tradición y modernidad, si se tiene en cuenta que el supervisor de educación no puede estancarse, negándose a responder a las verdaderas necesidades de su país o dándole la espalda a los cambios que le exigen las tendencias universales actuales en materia de pedagogía y políticas educativas, y más cuando

---

17. PÉREZ FIGUEIRAS, Elfio (1999): *Supervisión Educativa: Nuevos enfoques y tendencias.* La Habana. Instituto Pedagógico Latinoamericano y Caribeño, p. 3.

18. Ibid p. 4

se ha demostrado en muchos países, cómo las prácticas anacrónicas en el ejercicio de la función supervisora, al contrario de afianzar su carácter de factor de calidad, demeritan la tarea educativa de un profesional que desde su perspectiva de "un hacer artesanal, poco tecnificado y muy condicionado (...) por la autoridad superior de quien le encarga la tarea"[19], no contempla la presentación de propuestas para perfeccionar el sistema educativo, lo cual se hace aún más problemático, en la medida en que las autoridades que administran la educación no siempre tienen presente la necesidad –y su obligación– de apoyar con recursos suficientes el trabajo del supervisor. Círculo éste que al tornarse vicioso se presta, en determinados casos, para que unos y otros –supervisores y administradores de la educación desde el Estado– evadan sus respectivas responsabilidades y escuden su falta de compromiso en las carencias del otro.

De otra parte, resulta cierto lo que anota María Teresa López del Castillo, sobre el hecho de que los supervisores "seamos funcionarios molestos ante la administración de la cual formamos parte, pues estamos denunciando continuamente los fallos del sistema"[20]; aunque también se debe reconocer que algunas veces no se acompaña esta crítica con recomendaciones o propuestas concretas, producto de una rigurosa interpretación de situaciones educativas, inmersa en procesos sistemáticos de evaluación y asesoría, y no en acciones esporádicas, aisladas e inconexas.

---

19. TEIXIDO, Martí (1997): *Supervisión del sistema educativo.* Barcelona. Ariel, p. 57.

20. LÓPEZ DEL CASTILLO, María Teresa. "La inspección que he vivido". En: SOLER FIERREZ, Eduardo (1993): *Fundamentos de supervisión educativa.* Madrid. La Muralla S.A. pág. 310.

Joan Dean ha descrito claramente esta situación, refiriéndose al hecho de que la presión se está ejerciendo actualmente sobre la inspección y que ésta y el asesoramiento están estrechamente ligados. "La inspección sin el asesoramiento es una actividad de algún modo estéril que es poco probable que sea aceptable para los profesores. Un asesoramiento eficaz debe implicar la inspección, ya que cualquiera que ofrezca un asesoramiento debe conocer la situación en la que éste tiene lugar"[21].

Este necesario cambio de actitud frente a la evaluación y asesoría en los procesos educativos, se ha hecho explícito en la afirmación de los brasileros Albany Abrabao, Claudia Rodríguez y Rita de Cássia, refiriéndose al papel del supervisor en la educación especial. Su concepto bien puede trasladarse a todo tipo de educación, por su valor universal: "Es necesario que cada supervisor de educación y cada grupo de supervisión evalúe y redefina sus caminos, que tenga clara la función social delante de una nueva postura profesional. Hay que cambiar el punto de orientación y observación, es necesario ver el mundo desde otra óptica, valorando las pequeñas victorias de la región que supervisa, intensificar y participar en la construcción del conocimiento"[22].

Como se advierte, la polémica gira en buena parte en torno a la función supervisora, que plantea diversos requerimientos: manejar la política estatal en materia de educación, conocer

---

21. DEAN, Joan (1997): *Supervisión y asesoramiento. Manual para inspectores, asesores y profesorado asesor.* Madrid. La Muralla S.A., p. 32.

22. ABRAHAO, Albany, otros (1999): *El papel del supervisor de enseñanza delante de la educación especial de Brasil.* Documento presentado en el Congreso Iberoamericano de Educación. La Habana, Cuba, febrero de 1999, p. 7.

las normas vigentes y velar por su aplicación, estar actualizado y ejercer un profundo dominio sobre temas relacionados con la gestión en las instituciones educativas y ponerse al día en teorías pedagógicas y su proyección hacia el terreno educativo a través de prácticas adecuadas de planeación, diseño de proyectos y evaluación, entre otros.

Todo esto hace que la acción supervisora abarque tanto el control, la inspección y vigilancia, como la evaluación, orientación y asesoría. En los puntos de convergencia que surgen en estas líneas de trabajo, se originan las discrepancias que podrían empezar a dirimirse tratando de disminuir la tensión entre lo universal y lo local, y entre tradición y modernidad, con un análisis, por lo menos de algunas propuestas ya validadas en otros países, y la seria consideración de empezar a renovar la propia práctica como supervisores de educación, para afianzar la credibilidad y el respeto en el sector académico, proponerse metas relacionadas con el mejoramiento de la calidad de la educación y recuperar espacios en el terreno de la construcción de conocimiento.

La experiencia de Estados Unidos, descrita por Muñoz Sedano es en este sentido bastante elocuente: "... nació como inspección y vigilancia. Incluso en la actualidad, los supervisores evalúan la enseñanza y despiertan actitudes de desconfianza entre el profesorado, como en la clásica función fiscalizadora. Pero la teoría sobre supervisión identifica a ésta con la función del asesoramiento o mejora del proceso instructivo, ejercido democráticamente"[23].

---

23. MUÑOZ SEDANO, Antonio (1993): *La supervisión educativa.* Madrid. Documento fotocopiado, p. 7.

30

Y es justamente en este mismo contexto de situaciones de cambio, en el cual Ecuador ha planteado su "reforma sustancial del sistema educativo", con la previsión del "sistema de supervisión educativa" que contempla, entre otros aspectos, el concepto de la función del supervisor "como la acción democrática y positiva destinada a dinamizar los procesos educativos, con el fin de ayudar a la consecución de los fines y objetivos, mediante la participación permanente de quienes se encuentran comprometidos en dicho proceso". Entre sus propósitos básicos menciona el de "ayudar al análisis y comprensión de los problemas y necesidades de su sector, para buscar alternativas de solución" y "dar paso a la innovación y creatividad, rechazando la rutina"[24]. En este marco de acción se considera el "eje de funciones pedagógicas y administrativas de la supervisión", en cuanto hace referencia a planificación, asesoramiento, orientación e implantación curricular, investigación pedagógica, legislación y control, comunicación, auditoría y arbitraje, gestión operativa, seguimiento, evaluación y retroalimentación de procesos.

En resumen, superar la tensión entre lo mundial y lo local y la tensión entre tradición y modernidad, desde la supervisión de educación, exige asumir actitudes positivas de cambio, iniciar procesos de autoevaluación de la propia gestión, estudiar las alternativas que se muestran en otras latitudes, conocer la problemática del país y su situación actual, en materia social, política, económica y educativa, y forjarse planes de control y evaluación de la gestión académica y administrativa en las instituciones educativas. Control y evaluación que finalmente deben conducir a la asesoría, centrada en el diseño y liderazgo

---

24. MINISTERIO DE EDUCACIÓN Y CULTURA (1994): *Sistema de Supervisión Educativa del Ecuador.* Quito, p. 12.

31

de proyectos tendientes a la solución de problemas en el campo educativo, con propuestas que adquieran un carácter de generalización, por la seriedad de los procesos de sistematización que han servido de base para su formulación.

LA TENSIÓN ENTRE LO UNIVERSAL Y LO SINGULAR Y ENTRE EL EXTRAORDINARIO DESARROLLO DE LOS CONOCIMIENTOS Y LAS CAPACIDADES DE ASIMILACIÓN DEL SER HUMANO

En el primer aspecto, el de lo universal y lo singular, Delors nos remite al fenómeno de la "mundialización de la cultura" frente a la vocación de cada ser humano de escoger su destino y realizar todo su potencial. En cuanto al desarrollo de los conocimientos y la capacidad del ser humano para asimilarlos, se refiere Delors a la necesidad de escoger disciplinas y preservar los elementos esenciales de una educación que enseñe a vivir mejor. ¿Cuál es el papel de la supervisión de educación en cuanto a superar dichas tensiones se refiere?

El ejercicio de una supervisión crítica, como la ha denominado María Victoria Reyzábal[25], exige una cuidadosa planeación de la gestión supervisora, que responda a expectativas y necesidades de la comunidad, sin dejar de lado o desconocer los valores universales.

Colombia se ha visto afectado por serios conflictos de orden político y social que tienen repercusiones directas en el terreno educativo. La falta de tolerancia, el deseo de obtener dinero

---

25. REYZÁBAL, María Victoria. "La supervisión entre la "obediencia debida" y la responsabilidad crítica". En: SOLER FIERREZ, Eduardo (1993): *Fundamentos de supervisión educativa*. Madrid. La Muralla S.A., p. 96.

fácil y deshonestamente, el desinterés de muchos niños y jóvenes por el conocimiento y el menosprecio por la vida humana, son algunos de los indicadores de esta crisis que nos afecta y que de manera directa o indirecta está relacionada con la educación.

El supervisor no puede ser ajeno a este panorama, ya que su misión es el mejoramiento de la calidad de la educación y en atención a esto, debe velar porque los procesos pedagógicos en las instituciones tengan en cuenta la problemática anteriormente descrita y den respuesta al deseo de formar ciudadanos para un futuro mejor.

La evolución de las teorías en materia de procesos de gestión, de aprendizaje y de desarrollo de valores ha sido vertiginosa. Es aquí donde podría surgir la tensión entre dicha evolución y la capacidad para asimilar estos conocimientos por parte del supervisor. Tarea urgente ésta la de aprehender y aprender el saber universal, sin perder la singularidad que requiere nuestra situación particular y que nos hace crecer como personas y como profesionales de la educación en un país que demanda cada vez más de nuestro esfuerzo y dedicación en este propósito común de construir una patria mejor.

Para cristalizar este propósito y, dentro del marco de superar las tensiones entre lo universal y lo singular, y entre el extraordinario desarrollo de los conocimientos y las capacidades del ser humano, con el ánimo de dar prioridad a algunos elementos que puedan ser la base de una educación que enseñe a vivir mejor, se hace necesario atender a algunos lineamientos, entre los cuales podemos mencionar los siguientes:

- La calidad de la educación es el objetivo primordial del quehacer del supervisor.

- El ejercicio de la inspección, vigilancia y control de la prestación del servicio público educativo, ha de estar enmarcado en parámetros creativos que busquen alejarse, en lo posible, de toda actitud rígida, dogmática o estereotipada frente a las instituciones educativas.

- La orientación y asesoría a programas y proyectos en las instituciones educativas ha de estructurarse como una innovación en educación, para empezar a gestar un concepto de supervisión dinámica, creativa y productiva para el nuevo milenio.

- Quien supervisa, inspecciona, vigila y controla, debe convertirse en ejemplo para la comunidad académica, por su responsabilidad, eficiente desempeño, honestidad y alta calidad de su producción intelectual.

- El ejercicio de la función supervisora ha de concebirse dentro de un proceso planeado, riguroso y sistemático de trabajo de consolidación de comunidades académicas para la producción de conocimiento y planteamiento de alternativas pedagógicas, diseño y validación de instrumentos propios de la gestión de supervisión, renovación de procesos educativos y análisis de problemas con la correspondiente presentación de directrices para su solución.

- El proceso de evaluación, desde la supervisión de educación, ha de crear un impacto social y educativo que abra el camino hacia el crecimiento de las instituciones educativas.

Según lo anterior, la gestión del supervisor de educación proyectada en términos de calidad, compromiso, criticidad y creatividad, logrará armonizar las posibles divergencias que puedan presentarse entre lo universal y lo singular, y salvará los obstáculos que impiden superar la tensión entre el extraordinario desarrollo de los conocimientos y la capacidad de asimilación del ser humano.

LA TENSIÓN ENTRE EL LARGO PLAZO Y EL CORTO PLAZO

Se refiere Jacques Delors en este aspecto a la concentración en los problemas inmediatos que demanda la velocidad del mundo actual, frente a la necesidad de estrategias pacientes, concertadas y negociadas de reforma. ¿Cuál es el papel del supervisor de educación ante el dilema que puedan presentarle estas dos situaciones antagónicas?

No es un secreto que la problemática diaria de las instituciones, ocasionada muchas veces por la infracción de las normas, conduce a la búsqueda de soluciones que no dan espera. El supervisor adelanta aquí acciones inmediatas que pueden involucrar la visita a la institución, la intermediación y la elaboración de informes para reportar el caso, sus conclusiones y recomendaciones ante las autoridades educativas. Todo esto exige tiempo que pudiera estarse empleando en el diseño y aplicación de las llamadas por Delors "estrategias pacientes".

Sin embargo, en estas situaciones incidentales que demandan atención inmediata, puede estar el origen de procesos de innovación e investigación, si desde la supervisión de educación se adelantan diagnósticos que permitan detectar reiteración de situaciones en diferentes aspectos, como tergiversaciones en la interpretación de las normas legales, aplicación inadecuada de procedimientos de evaluación o de procesos metodológicos específicos, falta de reconocimiento de la importancia del desarrollo de competencias y formación en valores, y otros problemas que sirvan de base para la generación de proyectos asesorados por el supervisor de educación.

En la medida que se aprovechen estas circunstancias para ser enmarcadas dentro de procesos más amplios y sistemáticos, es muy probable que los conflictos que hoy requieren de la acción inmediata y muchas veces desgastadora, disminuyan —por efecto de la prevención— abriéndole paso a la innovación y a la investigación, con lo cual se estaría empezando a superar la tensión entre el largo y el corto plazo.

LA TENSIÓN ENTRE LA INDISPENSABLE COMPETENCIA Y LA IGUALDAD DE OPORTUNIDADES

En este aspecto, la visión de Jacques Delors se centra en el concepto de educación para toda la vida, a fin de "conciliar la competencia que estimula, la cooperación que fortalece y la solidaridad que une"[26]. ¿Bajo qué connotación puede manejar el supervisor de educación este concepto de educación para toda la vida?

Un primer intento por resolver el anterior interrogante, podría remitirnos a la posición personal del supervisor como profesional de la educación, que ha de estar en permanente contacto con el mundo de la cultura y los avances en materia de gestión educativa, propuestas pedagógicas y tendencias sobre el tema del desarrollo del conocimiento. No puede esperarse menos de quien precisamente se halla controlando que otros profesiona-

---

26. DELORS, Op. cit., p. 17.

les de la educación manejen un saber pedagógico que puedan proyectar en las instituciones educativas, en respuesta a los requerimientos de una sociedad que demanda el mejoramiento de la calidad de la educación.

Por esto, el concepto de educación para toda la vida es aplicable en toda su extensión al supervisor de educación. Es más, quien pretenda ejercer la función supervisora, debe necesariamente ubicarse en este contexto para que el estudio de las situaciones educativas a su cargo y las recomendaciones que plantee a los miembros de una comunidad o institución, tengan asidero y argumentación sólida.

De otra parte, el supervisor de educación, comprometido realmente con su trabajo, sabrá que por la alternativa que ha elegido en materia profesional, "la educación para toda la vida" es una realidad que le acompañará siempre, no como una frase obvia o un estribillo, sino en todo el sentido de la palabra educar, como el hecho de "creer en la perfectibilidad humana, en la capacidad innata de aprender y en el deseo de saber que la anima, en que hay cosas (símbolos, técnicas, valores, memorias, hechos) que pueden ser sabidos y que merecen serlo, en que los hombres podemos mejorarnos unos a otros por medio del conocimiento", ya que la educación es "la encargada de potenciar las disposiciones propias de cada cual, aprovechando a su favor y también a favor de la sociedad la disparidad de los dones heredados"[27]. Se abre, así, una perspectiva para empezar a pensar en la superación de las tensiones entre la indispensable competencia y la igualdad de oportunidades.

---

27. SAVATER, Fernando (1997): *El valor de educar.* Barcelona. Ariel S.A., p. 18, 157.

Aquí habla Delors de la elevación del pensamiento y del espíritu, y de la superación personal, partiendo del pleno respeto al pluralismo. Desde su rol, ¿cómo puede crecer personal y profesionalmente el supervisor de educación?

En el tema de la "perspectiva de la felicidad", Rubén Ardila propone siete claves, cinco de las cuales pueden tomarse como punto de partida para la respuesta a la pregunta anterior. Son ellas: amor, trabajo creativo, sentido de perspectiva, posibilidad de ayudar a otros y organización flexible[28].

Para el caso que nos ocupa, se considerará al *amor* como un concepto bastante amplio que enmarca las manifestaciones de solidaridad, la estabilidad de la pareja, el afecto que sentimos por las personas que nos rodean, la sensibilidad ante el dolor ajeno, el gusto frente al trabajo que desempeñamos, el placer que nos producen las situaciones cotidianas como disfrutar una buena comida, admirarse frente a un bello paisaje, compartir una conversación, sentirse maravillado ante a una obra de arte, apreciar el valor del conocimiento.

En este clima de amor se puede concebir la gestión de un supervisor de educación en un país violento, como el nuestro, que clama por la tolerancia y la conciliación: Un control exigente, pero amable; una inspección acuciosa, mas no fiscalizadora; y una vigilancia permanente, pero no persecutoria. Asimismo, la evaluación no se hará con el prejuicio del criterio sancionador, sino con miras a formular estrategias de asesoría. Y ésta, a su

---

28. ARDILA, Rubén: "Siete claves". En: *Lecturas dominicales.* Periódico El Tiempo. Santa Fe de Bogotá D.C., (28 de febrero de 1999); p. 4.

vez, tendrá un carácter de dirección y acompañamiento, sobre cualquier matiz de prepotencia.

El *trabajo creativo* es un concepto que acaba con aquel que rodea a la famosa frase "el trabajo lo hizo Dios como castigo". En este contexto, se considera crear como el hecho de generar ideas nuevas, gestar proyectos, plantear alternativas variadas, proponer soluciones a los problemas y asimilar las situaciones imprevistas, escogiendo el camino más productivo.

Todo lo anterior, en el trabajo de un supervisor de educación implica innovar procedimientos, procesos y hasta estilos. Estar al día en materia de políticas y tendencias educativas es un buen comienzo. A éste le seguirán la perspectiva crítica frente a las diversas situaciones que presenta la vida profesional diaria y el cambio de actitud, teniendo en cuenta una visión positiva del ejercicio de las funciones supervisoras y la magnitud del compromiso que éstas conllevan.

El *sentido de perspectiva* nos coloca en una posición futurista. Hasta las cosas más sencillas y cotidianas de la vida necesitan de una adecuada planeación. El trabajo del supervisor de educación debe concebirse pensando en la proyección de su gestión y su impacto en la sociedad.

Cuando se dice que el futuro de un país está en la educación quizás no se mida en toda su dimensión el alcance de esta responsabilidad, que en buena parte recae en hombros de los supervisores de educación, como maestros de maestros, como líderes de procesos adelantados para mejorar la calidad de la educación, mediante el control oportuno y eficiente, la evaluación permanente y crítica, y la asesoría rigurosa y sistemática.

La *posibilidad de ayudar a otros* resulta casi obvia en el trabajo del supervisor de educación, por el contacto permanente con muchas personas, para resolver sus inquietudes, consultas y dudas. De otra parte, la necesidad de responder satisfactoriamente a la confianza que depositan en el supervisor los miembros de las instituciones educativas, puede traducirse en solidaridad y ayuda.

La *organización flexible*, como la práctica de la libertad frente a la dinámica propia del trabajo, se convierte en otra clave para superar la tensión entre lo material y lo espiritual.

En este marco de autonomía, los supervisores de educación asumirán su propio código de ética, porque quienes inspeccionan, vigilan y controlan procesos desarrollados en el trabajo de otros, no deben abrir la posibilidad de sembrar dudas sobre la eficiencia en el ejercicio de las funciones que les corresponde ejercer, ni sobre la calidad de su propio trabajo.

EL SUPERVISOR DE EDUCACIÓN Y LA AUTONOMÍA

Como se ha anotado en páginas anteriores, la autonomía, entendida en términos generales como el ejercicio pleno de la libertad con responsabilidad y de la práctica con compromiso serio frente a una comunidad, debe partir del conocimiento de sí mismo.

En este sentido, hay que "comenzar por comprenderse a sí mismo, en esta suerte de viaje interior jalonado por el conocimiento, la meditación y el ejercicio de la autocrítica"[29]. Para que este proceso de autoconocimiento se estructure sobre bases sólidas, se presenta en esta obra la propuesta de conjugar el aprender a ser, el aprender a aprender y el aprender a hacer.

En el primer caso, el aprender a ser, con su natural connotación ontológica, podría ubicarnos en el planteamiento de lo que Edgar Faure ha denominado como el deber esencial por parte de la educación: "Enseñar a los hombres el arte de vivir, de amar y de trabajar en una sociedad que ellos están llamados a crear a imagen de su ideal"[30].

En cuanto al "aprender a aprender", volvemos al concepto ya expuesto sobre la educación para toda la vida, pero en este ángulo, pensado en su dimensión de asumir los procesos y formas del aprendizaje y aplicarlos a la vida personal y profesional, para un constante crecimiento. Esto podría traducirse en la constitución del saber pedagógico como columna vertebral del trabajo del supervisor de educación.

El aprender a hacer está más relacionado con la práctica cotidiana y su relación directa con los productos que se deriven de ella, bien sean del orden material, social, intelectual u otro. Todo esto enmarcado en el concepto de que la práctica debe revertirse en beneficios para el individuo y la sociedad y más, tratándose del campo educativo.

En este orden de ideas, el supervisor de educación hará uso de su derecho a la autonomía, desde la perspectiva del propio

---

29. DELORS, Op. cit., p. 19.

30. FAURE, Edgar (1982): *Aprender a ser.* Madrid. Alianza. 9ª edición, p. 127.

conocimiento de sí mismo como persona y como profesional de la educación, recuperando la trayectoria de su propio trabajo como maestro y directivo docente (se cuenta con la circunstancia de que el *deber ser* es que todo supervisor haya hecho carrera docente), para asumir desde esta posición totalizadora –pasado, presente y futuro– su función de inspección, vigilancia y control del servicio público educativo. Su proyecto de vida profesional y su ideal de educación se verán traducidos en la comunidad adscrita a su jurisdicción con tanto énfasis y nitidez, que la percepción y análisis que hagan de su trabajo los docentes y directivos que están al frente de los procesos supervisados y asesorados, le indicarán al supervisor la talla y alcance de su tarea frente al compromiso de mejorar la calidad de la educación en el país.

De otra parte, la inmersión en el terreno del saber pedagógico, ubicará al supervisor de educación en el campo que le corresponde como sujeto apasionado por el conocimiento, profesional en permanente cambio y progreso y funcionario competente en su campo. Aprender a aprender va más allá de la recitación mecánica de teorías pedagógicas o la memorización de textos de leyes, decretos o resoluciones que muchas veces son pasajeros porque quedan derogados por otras normas legales. En este terreno, el ejercicio crítico-hermenéutico es vital para una proyección de las políticas educativas que responda a las expectativas de la sociedad y se traduzca en procesos de evaluación y asesoría, enmarcados en un clima de innovación o investigación, como aportes creativos a la construcción de conocimiento pedagógico, desde la óptica del quehacer del supervisor de educación.

A su vez, en la gestión supervisora el aprender a hacer se convertirá, en muchos sentidos, en el reflejo de la forma como se han asumido el aprender a ser y el aprender a aprender, en tanto sólo es posible dar de lo que se tiene y cosechar de lo que se ha cultivado. El "hacer", aunque para algunos resulte algo pragmático, puede revelarse como virtud si se ha aprendido con gusto, paciencia, creatividad y verdadera visión futurista.

Todo lo anterior se puede concretar en algunos interrogantes, cuya resolución puede servir como base para señalar el derrotero de la función del supervisor de educación. Dichos interrogantes, a su vez, han surgido de la propuesta de Antonio Muñoz Sedano sobre la supervisión educativa[31]. Veamos:

Muñoz Sedano (MS): "La supervisión o inspección educativa tiene como misión fundamental la mejora permanente del sistema educativo". (...) "... expreso mi opción personal a favor de potenciar la supervisión educativa en su función de agente de innovación participativa y democrática del sistema escolar inserto en su entorno social, en orden a conseguir la mejora de la educación".

Interrogante (Int.): ¿Cuáles son los indicadores de logro concretos, que en el caso de supervisores de educación de un país, ciudad o localidad específica, demuestran el cumplimiento de esta "misión fundamental"? ¿En qué forma se han materializado en la "mejora de la educación" los efectos del cumplimiento de esta función?

MS: "... han cambiado el concepto y los medios de control. El control, por efecto de las modernas teorías de la administración, ha dejado de identificarse con la vigilancia, examen y sanción

---

31. MUÑOZ SEDANO, Op. cit., p. 3, 10, 13, 17.

de comportamientos desacertados. Es medida de rendimiento, que compara el resultado obtenido con la planificación previa. Investiga los desajustes, no para buscar responsabilidades, sino para introducir elementos correctores".

Int.: En el caso específico de un supervisor de educación de una ciudad o localidad, ¿con qué aspectos y variables está identificado el control? ¿A qué hacen referencia exactamente la inspección y la vigilancia? ¿Se enfatiza más en la actitud policiva y punitiva o en aquella centrada en la asesoría sistemática y estructurada con base en propuestas teóricas, el planteamiento de posibles alternativas de solución a los problemas o dificultades y la producción de conocimiento en el campo pedagógico?

MS: "Los medios para ejercer el control se han tecnificado gracias a la corriente de supervisión científica iniciada a comienzos de siglo: cuestionarios, tests, instrumentos de observación y análisis, investigación..."

Int.: ¿Qué modelos originales de supervisión científica pueden exponer y sustentar supervisores de educación de un país, ciudad o localidad específica?

MS: "El ejercicio de la supervisión requiere actualmente una formación inicial y permanente de alto nivel científico y tecnológico. Los miembros de un equipo de supervisión deben dominar simultáneamente las ciencias de la educación y las ciencias de su especialidad. Las primeras son fundamentales para poder incidir en el sistema educativo y para usar un lenguaje común entre los componentes del equipo interdisciplinar. Las especialidades, dentro de un servicio de supervisión, no serán sólo las correspondientes a las áreas del currículum, sino también a ciencias de la administración, economía, sociología, etc."

Int.: ¿Cuál ha sido la producción de conocimiento de un supervisor de educación o equipo de supervisores de educación en una ciudad, distrito o localidad, como producto de la proyección y aplicación de su "formación de alto nivel científico y tecnológico" en las ciencias de la educación y en las ciencias de su especialidad?

MS: "En un futuro inmediato es previsible que la supervisión educativa continúe las líneas actuales de reducir su función de control (ejercido más directamente por los órganos locales de participación), de tecnificar progresivamente la evaluación a nivel del sistema escolar, de reforzar las funciones de asesoramiento, investigación e innovación". (...) "La inspección, como toda organización, necesita adaptarse a las transformaciones sociales. Si no sabe o no logra adaptarse, dejará de existir. Si logra adaptarse y seguir demostrando su eficacia en el sistema educativo, cobrará nuevo brío".

Int.: ¿Con qué ejemplos y argumentos concretos un supervisor o un equipo de supervisores de educación pueden explicar y sustentar cómo están adaptando su función de inspección y control a las transformaciones sociales?

Como se anotó en párrafos anteriores, la respuesta a estos interrogantes y a otros que puedan surgir en el intento por llevar a cabo en forma autónoma la gestión de procesos de supervisión de educación, será más productiva si se enmarca en el contexto del aprender a ser, aprender a aprender y aprender a hacer.

DISEÑAR, ASESORAR Y EVALUAR UN PROYECTO DE AUTONOMÍA INSTITUCIONAL

Luego de asumir la autonomía, según lo expuesto en el apartado anterior, bajo parámetros de responsabilidad y compromiso, y teniendo en cuenta procesos enmarcados en el aprender a ser, a aprender y a hacer, se puede abrir el camino a la organización y asesoría de proyectos desde la supervisión de educación, teniendo en cuenta etapas de planeación y sensibilización, y contando con la participación de distintos miembros de las comunidades educativas.

Tal es el caso del proyecto que tiene como meta el logro de la autonomía institucional, alrededor de los ejes de la autoevaluación y crecimiento institucional, el manejo de conflictos y la consolidación de Consejos Académicos institucionales y locales, como centros de encuentros pedagógicos y construcción de conocimiento.

Se puede partir de los principios de la *Comisión Misión Ciencia, Educación y Desarrollo*, que han relacionado la autonomía de las instituciones con la "definición de sus propias estrategias de mejoramiento educativo". (...) "...la autonomía local y escolar (...) no pueden tener como condición de éxito la desaparición de las estructuras centrales y departamentales, sino el cambio en las funciones de éstas" (...) "La autonomía exige de las instituciones que gozan de ella el más alto compromiso social, pues sólo se justifica en la medida en que entreguen verdadero conocimiento de relevancia a la sociedad"[32].

---

32. MISIÓN CIENCIA, EDUCACIÓN Y DESARROLLO - VASCO, Carlos Eduardo, comisionado coordinador (1997): *Colombia al filo de la oportunidad*. Santa Fe de Bogotá D.C. IDEP - Servigraphic Ltda., p. 152, 153, 211.

Según lo anterior, el rol del supervisor de educación girará en torno al diseño, aplicación y evaluación de propuestas concretas en un ambiente de diálogo y concertación y consolidando grupos de aprendizaje permanente. En este tópico del aprendizaje, nuevamente surge el supervisor como maestro de maestros, en el sentido de centrar este tipo de trabajo en la orientación y asesoría a proyectos concretos. Se trata aquí de un "aprendizaje creativo, estructural y autotransformador", según lo expresado por algunos de los miembros de la *Misión Ciencia, Educación y Desarrollo*[33], esto es, el aprendizaje que supera la "respuesta adaptativa", un "primer nivel operativo o instrumental", para pasar a un "nivel superior" que le permite al ser humano "trascender lo inmediato y circunstancial" y "recrear y construir su propio ambiente físico y social".

El supervisor de educación, en aplicación de las políticas internacionales y estatales, en materia de autonomía institucional, abrirá los espacios y generará los procesos necesarios para el logro de los fines relacionados con esta autonomía, en un ambiente de verdadero aprendizaje y a través de una propuesta que articule de manera coherente unos ejes, como el proyecto que nos ocupa en este libro. Dichos ejes son:

1. *Autoevaluación y crecimiento institucional:* La autocrítica con miras a la valoración de la propia gestión, es una alternativa para lograr un óptimo desarrollo en el ejercicio de las tareas que conducen al mejoramiento de la calidad de la educación. Esta autoevaluación y crecimiento, también centrados en la autocrítica, deben partir del propio supervisor de educación en relación con su gestión. La autonomía

---

33. Doctor Rodolfo R. Llinás, Doctor Carlos Eduardo Vasco.

se verá, en este caso, como derivada de la mirada interna objetiva y crítica, que favorece el crecimiento.

2. *Manejo de conflictos:* El tratamiento de los conflictos, debidamente concertado y con previo análisis de las causas y repercusiones del problema, es otro camino hacia el logro de la verdadera autonomía, en razón de que el conocimiento de la mecánica de visualización de los propios conflictos y su solución en el interior de la institución, sin innecesarias repercusiones externas, son indicadores de madurez en los procesos de gestión y de asunción de las dificultades con criterio profesional. Esto, por supuesto, se consolidará como un indicador del logro de la autonomía, que en el caso concreto del supervisor de educación, puede hacer referencia a la respuesta que se dé a interrogantes que en los últimos tiempos se han originado a raíz de las distintas y opuestas versiones sobre sus funciones y la calidad de su gestión.

3. *Consolidación de Consejos Académicos institucionales y locales, como centros de encuentros pedagógicos y construcción de conocimiento:* La organización del trabajo académico con base en proyectos, para intercambiar ideas, socializar propuestas, unificar criterios y producir documentos, es otra de las manifestaciones de la autonomía, en razón de que se está construyendo conocimiento con proyección social y se está demostrando que la gestión autónoma conduce al mejoramiento de la calidad de la educación, por la vía de la comunicación, el fortalecimiento de grupos interdisciplinarios, la creación de redes y comunidades académicas y el impacto social y cultural que todo esto genera. En este aspecto, en cuanto hace referencia al supervisor de educación, también se hace necesaria la conformación de grupos de estudio y producción académica, alrededor de la gestión propia de su cargo, a fin de enriquecer su trabajo

profesional y demostrar autoridad moral y académica frente a los grupos que pretende orientar, como asesor de procesos de consolidación de Consejos Académicos institucionales y locales.

Lo anteriormente expuesto guarda coherencia con el hecho de que se trata de la gestión del supervisor de educación, concepto este último –el de educación– que se ha tomado en su sentido más amplio y profundo, en tanto "no comprende solamente los procesos que ocurren en las aulas del sistema escolar, sino todas las actividades y fenómenos que se dan en el sistema educativo". (...) "La educación es el proceso por el cual se colectiviza el saber y se construye comunidad con base en él"[34].

Articular tres ejes interdependientes en un proyecto es, a su vez, una forma de señalar, por analogía, caminos para la articulación de áreas, competencias y líneas temáticas, en cuanto hace referencia al currículo y plan de estudios, los cuales se constituyen en otro de los centros de atención y análisis de la función de supervisión y evaluación educativas; función que el supervisor y la supervisora han de cumplir, considerando, entre otros factores, el establecimiento de una permanente comunicación con los/las rectores/rectoras y la aplicación de criterios previamente acordados con ellos/ellas, teniendo en cuenta su responsabilidad de presidir los Consejos Directivos y Académicos de las instituciones educativas.

---

34. MISIÓN CIENCIA, EDUCACIÓN Y DESARROLLO, Op. cit., p. 190.

Bibliografía

ABRAHAO, Albany, otros. *El papel del supervisor de enseñanza delante de la educación especial de Brasil.* Documento presentado en el Congreso Iberoamericano de Educación. La Habana, Cuba, febrero de 1999.

ALVIAR, Mauricio; POLANÍA, Doris. "La calidad de la educación". En: *Educación y cultura. Revista del Centro de Estudios e Investigaciones Docentes de la Federación Colombiana de Educadores* – FECODE, Santa Fe de Bogotá D.C., No. 29 (marzo de 1993), p. 24-36.

ARDILA, Rubén. "Siete claves". En: *Lecturas dominicales.* Periódico El Tiempo. Santa Fe de Bogotá D.C. (28 de febrero de 1999), p. 4.

DEAN, Joan (1997): *Supervisión y asesoramiento. Manual para inspectores, asesores y profesorado asesor.* Madrid. La Muralla S.A.

DELORS, Jacques, (pres.) (1996): *La educación encierra un tesoro. Informe a la UNESCO de la Comisión Internacional sobre la educación para el siglo XXI.* Madrid. Santillana.

FAURE, Edgar (1982): *Aprender a ser.* Madrid. Alianza.

HERRERA, Almílcar, otros (1977): *¿Catástrofe o nueva sociedad? Modelo mundial latinoamericano.* Centro Internacional de Investigaciones para el Desarrollo-CIID. Fundación Bariloche. Argentina.

LE BOT, Ivon (1985): Ed*ucación e ideología en Colombia.* Medellín. Lealon.

LÓPEZ DEL CASTILLO, María Teresa. "La inspección que he vivido". En: *Fundamentos de supervisión educativa.* (1993) Madrid. La Muralla S.A., p. 309-311.

MINISTERIO DE EDUCACIÓN NACIONAL (1996): *Plan decenal de educación.* Santa Fe de Bogotá D.C. Magisterio.

__________. (1997): Autoevaluación y mejoramiento i*nstitucional.* Santa Fe de Bogotá D.C.

MINISTERIO DE EDUCACIÓN Y CULTURA (1994): *Sistema de supervisión educativa del Ecuador.* Quito.

MISIÓN CIENCIA, EDUCACIÓN Y DESARROLLO (1997): *Colombia al filo de la oportunidad.* Santa Fe de Bogotá D.C. Instituto para la investigación Educativa y el Desarrollo Pedagógico –IDEP.

MUÑOZ-REPISO IZAGUIRRE, Mercedes. "La calidad como meta". En: *Cuadernos de pedagogía.* Barcelona. No. 246 (abril de 1996), p. 52-57.

MUÑOZ SEDANO, Antonio (1993): *La supervisión educativa.* Madrid. Documento fotocopiado.

PÉREZ FIGUEIRAS, Elfio (1999): *Supervisión educativa. Nuevos enfoques y tendencias.* La Habana. Instituto Pedagógico Latinoamericano y Caribeño.

REYZÁBAL, María Victoria. "La supervisión entre la obediencia debida y la responsabilidad crítica". En: *Fundamentos de supervisión educativa.* (1993) Madrid. La Muralla S.A, p. 95-110.

SAVATER, Fernando (1997): *El valor de educar.* Barcelona. Ariel S.A.

TEIXIDÓ, Martí (1997): *Supervisión del sistema educativo.* Barcelona. Ariel.

VASCO, Carlos: "Currículo, pedagogía y calidad de la educación". En: *Educación y cultura. Revista del Centro de Estudios e Investigaciones Docentes de la Federación Colombiana de Educadores*-FECODE, Santa Fe de Bogotá D.C., No. 30 (julio de 1993), p. 4-12.

Capítulo II

Autoevaluación y crecimiento institucional

La autocrítica como estrategia de crecimiento

Todo proceso que se emprenda requiere de un alto en el camino para evaluar el estado de su desarrollo y analizar las causas que han intervenido en sus aciertos o en sus fallas. Una mirada objetiva, con previa planeación de un recorrido organizado y la aplicación de instrumentos debidamente validados, se convierte en sello de garantía para que esta autocrítica sea la base del progreso.

En una institución educativa estos principios cobrarán fuerza, en la medida en que se lleven al terreno práctico, bajo la orientación del rector, frente al ejercicio de acciones que prevean la participación de todos los miembros de dicha institución y se constituyan en una estrategia de crecimiento permanente.

Para que sea un hecho el progreso, centrado en la auto-evaluación institucional, se requiere de la articulación de varios componentes relacionados con el concepto que se maneje de calidad de la educación y con los factores que hacen parte de todo sistema educativo, como por ejemplo, los ambientes de aprendizaje, la idoneidad y eficiencia de los directivos y docentes, los recursos físicos y financieros, los procesos metodológicos, la gestión en la institución y otros.

Es en este punto donde se pueden fijar algunas directrices para el desarrollo de este proceso de autocrítica como estrategia de crecimiento. Para ello, se puede partir de una adaptación a este caso, de la propuesta de Paulo Freire, relacionada con "la contribución del educador brasileño a su sociedad en nacimiento"[1].

En la propuesta de Freire encontramos los siguientes planteamientos: "El pasaje de la transitividad ingenua a la transitividad crítica, ampliando y profundizando la capacidad de captar los desafíos del tiempo", el desarrollo asociado a los procesos democráticos, la necesidad de un cambio y "la experimentación del debate y el análisis de los problemas, en condiciones de verdadera participación".

---

1. FREIRE, Paulo (1992): *La educación como práctica de la libertad.* México D.F. Siglo XXI. Cuadragesimoprimera edición, p. 80.

54

EL PASAJE DE LA TRANSITIVIDAD INGENUA A LA TRANSITIVIDAD CRÍTICA

En este punto, todo proceso de *autoevaluación y crecimiento institucional* debe tener como centro la superación del nivel de la emotividad frente al análisis de las situaciones de la vida cotidiana en el interior de las instituciones, para adoptar posiciones más racionales en relación con la mirada que se dé al desarrollo del trabajo en el terreno de lo administrativo y de lo académico.

Es imposible dejar completamente de lado la subjetividad en este tipo de análisis, ya que están involucrados en la autoevaluación factores como la confrontación con unas metas previamente trazadas, la visión de la propia gestión, la autoestima de los miembros de una institución educativa, su prestigio profesional, la incertidumbre para optar por alternativas viables en el ejercicio del quehacer diario, el temor frente a la posibilidad de fracaso y otros.

En ocasiones, resulta difícil inclinar la balanza hacia la aceptación de las propias fallas y por ello, muchas veces, la tendencia es la de ratificar los que presumimos han sido aciertos en la institución, sin tocar o ahondar en los puntos débiles o en las omisiones.

En tanto el hecho de subrayar los aspectos positivos en la gestión no rebase los límites de la objetividad, esta actitud no enmascarará las carencias en que hayamos incurrido. De lo contrario, caeríamos en la falacia de una mal entendida autocrítica, como sinónimo de autoelogio. Podría decirse que se llegaría, como ha anotado Zuleta, a "imaginar la felicidad" (...) "un océano de mermelada sagrada, una eternidad de aburrición"[2]. Si la autocrítca se le toma en este sentido, su consecuente resultado de progreso se vería anulado y el proceso no sería, por tanto, confiable ni válido para la toma de decisiones.

La autocrítica, para convertirse verdaderamente en estrategia de crecimiento, requiere de la superación de lo que ha llamado Freire, "la posición transitivamente ingenua", para pasar a convertirse en un verdadero análisis concienzudo de los fenómenos que rodean al hecho educativo en una institución, de las variables que intervienen en los procesos, de los nexos entre diversos aspectos relacionados con los eventos pedagógicos y de los vínculos entre las decisiones de carácter administrativo y situaciones concretas en el terreno académico.

Sólo en este nivel de reflexión se podrá responder a los desafíos del tiempo, porque se habrá empezado a superar el mito de la interpretación errada de la llamada crítica constructiva, que por ingenuidad o miedo de herir susceptibilidades, se inclina por lo positivo (aciertos), frente a lo negativo (fallas), adoptando muchas veces la posición del avestruz, lo cual en lugar de favorecer el crecimiento institucional conduce a la mediocridad y al estancamiento.

En este contexto de las "versiones erróneas", suele encontrarse la posición de aceptar todas las opiniones, en aras de la "igualdad democrática", sin tener en cuenta la capacidad de argumentación. Al respecto se ha pronunciado Fernando Savater, en oposición a la existencia de una pretensión dogmática o casi totalitaria cuando se asume la búsqueda de la verdad.

---

2. ZULETA, Estanislao (1997): *Elogio de la dificultad y otros ensayos.* Cali. Feriva S.A., 2ª edición, p. 9.

Según el filósofo español, "debe haber algún medio de jerar-
quizar las ideas en la sociedad no jerárquica, potenciando las
más adecuadas y desechando las erróneas o dañinas"[3].

El desarrollo asociado a los procesos democráticos

La autoevaluación debe regirse por principios de igualdad, en
el sentido de equiparar situaciones en las instituciones.

El crecimiento en una institución educativa depende, entre otros aspectos, de la articulación de diversos factores y
acciones, tras los cuales obviamente se hallan las personas
involucradas en la gestión educativa; entre éstas existe real
interdependencia, de tal manera que, generalmente, el desarrollo de unos, será motor para que otros progresen. Cuando
hay marcadas diferencias en las concepciones que manejamos
frente a los hechos, situaciones o sujetos, este desarrollo puede
llegar a truncarse.

Puede darse en la institución educativa la aplicación de medidas
poco o nada equitativas como producto de desigualdades en la
apreciación de los fenómenos. Así vemos, por ejemplo, cómo
en ocasiones se subvalora un área académica, considerada de
menor "status" en relación con otra y surgen de esta situación
actitudes subjetivas frente a todos los procesos, como sería el
caso de asignar más recursos para los proyectos relacionados
con el área sobrevalorada, exagerar en la dimensión que se da
a los parámetros para su evaluación académica o privilegiar en
todas las decisiones a las personas vinculadas a esta área.

---

3. SAVATER, Fernando (1999): *Las preguntas de la vida.* Barcelona. Ariel, p.
   65.

En el momento de la autoevaluación, las personas y hechos relacionados directamente con el área subvalorada entrarán en desventaja frente a los resultados, en tanto han recibido menos recursos y posiblemente han sido objeto de marginación en todo tipo de circunstancias. En este caso, se obstaculiza el desarrollo porque las decisiones y los procesos no han tenido como base criterios democráticos.

Igual situación se podría presentar en otro caso como el de la "parcelación" del conocimiento, cuando se admite en una institución educativa, como hecho académico, que las competencias o las habilidades se deben "matricular" en áreas específicas como, por ejemplo, la lectura y la escritura en el área de español, la lógica en matemáticas, la capacidad de análisis en sociales, la creatividad en artes.

En este segundo ejemplo, un proceso de autocrítica se vería enmarcado en criterios poco sólidos y la mirada interior a los procesos pedagógicos de cada área sería tan pobre como la directriz errada que dio base al concepto de parcelación de las competencias por áreas.

Siendo así, en ninguna de las dos circunstancias descritas, a manera de ejemplos, y en otras similares que pudieran presentarse, la autocrítica se podría considerar como estrategia de crecimiento, dado que los sesgos y grietas que han surgido de actitudes poco democráticas, serían el mayor obstáculo para medir cualitativamente procesos de desarrollo.

LA NECESIDAD DE UN CAMBIO

No es un secreto que se hace inminente un cambio en las instituciones educativas, para lo cual debe partirse de una actitud abierta y flexible.

Iniciar procesos de autocrítica ya es un paso importante en ese camino hacia el cambio, entendido éste como la permeabilidad a nuevas propuestas, el estudio acucioso de situaciones diferentes a aquellas que se viven en la propia institución, la consideración de la innovación y de la investigación en los procesos pedagógicos, como factores de permanente desarrollo, y la apertura de espacios de reflexión sobre la transformación permanente en la institución.

"En el pasado, como en el presente, la transformación como el cambio fueron parte de las capacidades humanas y el desarrollo ininterrumpido de la ciencia y la tecnología donde la educación, en la misma magnitud que el hombre, es factor de bienestar y desarrollo de la especie humana"[4].

La autocrítica como estrategia de crecimiento, ya representa una alternativa de proyección hacia el futuro, alternativa que por sí sola no conduce al cambio, ya que se necesita ejercer una serie de acciones concretas que le abran paso a la transición.

---

4. AGUIRRE SILES, Alfredo (1992): "Imágenes de dos civilizaciones en tres momentos de la historia". En: *Tablero.* Revista del Convenio Andrés Bello, No 43. Bogotá D.C. (agosto de 1992); p. 9.

El debate es un espacio de confrontación de ideas y, a la vez, una oportunidad de comunicación para valorar la presencia y aportes de los miembros de una institución en su proceso de crecimiento.

Cuando el debate, entendido como se ha anotado, se centra en el análisis de los problemas institucionales, contando con la participación de todas las personas que hacen parte de la vida diaria de la institución, las decisiones que se tomen luego de un proceso de autocrítica, tendrán mayor posibilidad de éxito, en la medida en que se han derivado del diálogo y de la concertación.

Toda autocrítica como estrategia de crecimiento requiere de un procedimiento ágil y seguro para su eficacia. Si, por ejemplo, se trata de solucionar situaciones concretas relacionadas con la cotidianidad de la institución, en materia de aseo, ¿por qué no contar para su análisis y formulación de alternativas de solución con las personas encargadas de estas funciones? Igual sucede, tratándose de situaciones concretas de los estudiantes, quienes, a pesar de tener su mejor representante en el personero elegido por ellos, a veces no consiguen ser escuchados en sus puntos de vista sobre diferentes tópicos que conciernen al funcionamiento de la institución y que tienen la misma validez de las consideraciones que en su momento puedan presentar un maestro o un directivo.

Otro caso sería el de contar con la participación de los padres de familia que luego de evaluar el modelo pedagógico que sirve de soporte al plan curricular, detectan posibles fallas relacionadas con aplicaciones demasiado anacrónicas y poco efectivas, contradicciones entre procesos metodológicos y formas de evaluación, falta de preparación de los docentes para asumir las nuevas tendencias y otros. El concurso de los padres en una situación como la descrita, es absolutamente necesario en razón de que son ellos los que, de alguna manera, seleccionan el tipo de educación que desean para sus hijos y aportan sus ideas y sugerencias en relación con las bases que esta institución debe brindar a los estudiantes en materia de valores y en el campo de una formación hacia el trabajo o la iniciación en la futura preparación profesional.

En resumen, la autocrítica será motor del crecimiento, en la medida en que tenga los siguientes derroteros:

- La mayor objetividad posible, sin sesgos que parcialicen la mirada interna en una institución educativa.

- El desarrollo asociado a los procesos democráticos.

- La posibilidad de abrirle camino al cambio.

- La experimentación del debate y el análisis de los problemas en condiciones de verdadera participación.

MIRANDO AL PASADO

La palabra autoevaluación compendia en su significado tres momentos en el tiempo: el pasado, en cuanto se mira lo que ha ocurrido, para darle una valoración; el presente, ya que según una situación histórica determinada y teniendo como base unos principios y criterios, a partir de una visión y una concepción actual sobre el saber pedagógico, se observa desde el "hoy", lo que ya ha ocurrido; y el futuro en tanto la autoevaluación se considera como paso previo al mañana y como espacio de establecimiento de diagnósticos, con el fin de tomar decisiones y proyectarlas en la práctica para una ejecución a corto, a mediano o a largo plazo.

En el apartado anterior, *la autocrítica como estrategia de crecimiento,* se tocó fundamentalmente el momento del presente, visto desde cuatro planteamientos adaptados de una propuesta de Paulo Freire.

En este apartado se considerará el momento del pasado, tomando como fundamento no sólo el inmediato pasado, en cuanto a lo que ha ocurrido en la institución y es objeto de autoevaluación, sino también el pasado histórico del cual se pueda echar mano en actitud de rescate de valores fundamentales y postulados aún vigentes por la visión futurista con que fueron concebidos en otro tiempo y la rigurosidad de los criterios en los cuales se basaron.

De esta manera, se plantean tres directrices, a saber: La primera, tiene que ver con significativos aportes de la historia de la educación que a decir de Edgar Faure, "parece invitarnos a una doble tarea: de restitución y de renovación a la vez". La segunda, relacionada con inferencias de aspectos específicos de algunas teorías modernas de la educación. La tercera está asociada a la memoria del tiempo, como fuente de testimonios frente a hechos y a variables del fenómeno educativo.

La tarea de la restitución y de la renovación

El concepto de la riqueza o de las carencias de la educación es muy amplio. Edgar Faure afirma que "la educación tiene un pasado mucho más rico de lo que cabría pensar a la vista de la relativa uniformidad de sus estructuras actuales", haciendo referencia a los valores de "las civilizaciones amerindias, las culturas africanas, las filosofías de Asia y muchas otras tradiciones". A su vez, contrasta esta situación con la de la "carga de dogmas y usos anticuados que soporta la educación actual"[5].

En este sentido, vale la pena tener en cuenta en una autoevaluación institucional encaminada al crecimiento, cómo se han considerado factores de riqueza de la educación, tomados de otras culturas, o por el contrario, si se han heredado o asimilado fallas que se manifiestan en anacronismos en los procesos educativos y que originan estancamiento en el desarrollo de la institución, dando lugar a una baja en la calidad.

Siguiendo a Faure en su recorrido por algunos momentos especiales de la educación, se puede empezar a considerar si en la institución objeto del proceso de autoevaluación, se han tenido en cuenta algunos de los principios de la educación múltiple y continua de la sociedad primitiva, aún vigentes por su perspectiva universal, como el de la educación del individuo por sí mismo (simbiosis) y la educación en la escuela y más allá de ella (vida familiar, juegos, trabajo), como punto de partida hacia el "aprender a aprender" y la construcción colectiva de conocimiento.

---

5. FAURE, Op. cit., p. 59-60.

Asimismo, el aprendizaje de los niños, según la tradición afri-
cana, en la escuela de la vida y de la experiencia, y la visión de
todo adulto como un maestro, son otros conceptos fundamentales que podrían servir para contrastar en una evaluación, el
modelo pedagógico de la institución donde laboramos, como
también la visión del Islam, sobre la educación para toda
la vida, al igual que en la Persia antigua, el concepto de la
educación permanente "extendida a todas las actividades del
individuo, hasta los comienzos de la senectud", incluyendo
ciencias, virtudes morales, disciplinas intelectuales, formación
cívica y aprendizaje de la vida práctica.

De la misma manera como la revisión histórica de Faure nos
ofrece ejemplos de riqueza en el concepto y práctica de la educación, también presenta aquellos que muestran el despotismo,
la actitud autoritaria del que enseña frente al enseñado y la
transmisión de dogmas a un estudiante que permanece pasivo,
actuando solamente como receptor, o la tendencia elitista de
los clásicos greco-romanos. Aunque se ha recorrido bastante
camino desde estas manifestaciones nada equitativas, hoy en
algunas instituciones educativas se advierten políticas, se toman decisiones y se ejercen prácticas que se acercan bastante
al autoritarismo, la arbitrariedad y la discriminación, que al
parecer eran supuestamente el sello característico de la educación en otras épocas y no en la actual, en la que debieran
existir expresiones más abiertas al cambio, a la comunicación
y al desarrollo.

En el marco de la restitución y la renovación, es indudable
que un serio análisis del legado de culturas anteriores a la
nuestra, no sólo servirá para retomar ideas válidas para nuestras instituciones, sino que en ocasiones nos planteará serios
interrogantes sobre prácticas que la misma historia ha vetado

por inconvenientes y que inexplicablemente se están ejerciendo en algunas instituciones, aun a pesar de su obsolescencia.

Asimismo, en esta dialéctica de la restitución y la renovación, la autoevaluación institucional, además de indicar la necesidad de ratificarse en procesos de gestión válidos, abrirá las puertas para la confrontación de etapas en los procesos educativos, en cuyo desarrollo a veces se suele caer en serias contradicciones, como, por ejemplo, inconsecuencias entre directrices metodológicas centradas en la construcción de conocimiento y técnicas de evaluación académica netamente conductistas; o también, planteamientos filosóficos basados en la autonomía, la comunicación y la convivencia, enfrentados a postulados en los manuales de convivencia, que resaltan un largo menú de prohibiciones y obstáculos para el pleno desarrollo de los estudiantes.

Basta citar, por ahora, los dos ejemplos anteriores, para demostrar que una revisión de tendencias educativas que hemos heredado de otras culturas, puede ser un buen material de apoyo para la autoevaluación institucional, si se le mira críticamente, con visión progresista y con madurez profesional.

TEORÍAS MODERNAS DE LA EDUCACIÓN

En cuanto hace referencia a tópicos específicos de algunas teorías modernas de la educación, la autoevaluación tendrá en cuenta los parámetros que señalan dichas teorías, en razón de que los Proyectos Educativos Institucionales necesitan un fundamento que parta del concepto que se maneje en la institución sobre hombre y educación, entre otros.

Así, el centro de todo proceso en el interior de la institución será el estudio de los principales postulados que se han planteado en materia de educación, su análisis minucioso y la determinación de la forma como han de adoptarse críticamente algunos de ellos, en la medida que puedan proyectarse en la gestión administrativa y académica, o transformarse para satisfacer necesidades y expectativas concretas de la comunidad educativa y de la sociedad.

Para este tema, en forma general y, a manera de ilustración, se seguirán en esta obra algunos planteamientos del estudio de Fabrizio Ravaglioli, en su libro *Perfil de la teoría moderna de la educación*, que analiza teorías pedagógicas propiamente dichas, "conocimientos sobre educación presentes en las teorías empíricas de sectores disciplinarios colaterales a la pedagogía" y teorías psicológicas.

A manera de ilustración, de cada teoría escogida se tomará sólo un tópico, ya que no se trata de agotar el tema, sino de señalar en forma amplia, cómo se le puede abrir a la autoevaluación institucional un camino seguro, con base en el criterio de la necesidad de la existencia de un fundamento teórico, indispensable para todo proceso que aspire a conducir a la toma de decisiones. Siendo así, la idea de este apartado se centra en demostrar cómo el conocimiento de cada teoría nos puede llevar a reflexionar y debatir sobre un aspecto específico, importante para el desarrollo de la institución educativa.

Partiendo de la anterior salvedad, veamos, por ejemplo, si la tendencia elegida en la institución es hacia algunos de los principios de la *teoría pedagógica idealista*, la autoevaluación determinará hasta qué punto se ha materializado dicha propuesta en el significado de lo plenamente humano, en la comunicación maestro -estudiante como sujetos que aprenden, en el marco de una concepción amplia y productiva de la relación autoridad-libertad, tal como lo ha manifestado Ravaglioli, refiriéndose a los planteamientos de Giovanni Gentile: "... el maestro adquiere autoridad mientras interpreta y reconstruye el saber, mientras penetra en la historia del hombre o revela la génesis de las ciencias, de las artes, de las instituciones, de la cultura en conjunto. Entonces en el intérprete de la cultura, en el maestro, el alumno ve a su Yo mejor, hasta el que trata de elevarse haciendo suya la disciplina del estudio"[6].

Dejando el ejemplo anterior, se puede tomar el caso de la *"teoría pedagógica marxista"*, algunos de cuyos aspectos más significativos suelen encontrarse en el tema de la llamada alienación, y su relación con la actividad humana en el trabajo.

En este campo, haciendo alusión a los planteamientos de Marx, Ravaglioli menciona las "características del trabajo alienado" en estos términos: "... el producto del trabajo se le quita al productor... se convierte en una mercancía que impone sus leyes, las leyes del mercado, al trabajador... el trabajo depende de otros, de los propietarios de los medios de producción y por esto es constrictivo... y privado de su valor universal: la libertad de imprimir en la naturaleza la huella del hombre, es rebajada a simple medio, reduciéndose a la supervivencia individual". Según lo anterior, se sugiere "la recuperación de la función educativa del trabajo" que "presupone el enlace de la técnica con la ciencia, y con la cultura en general"[7].

En el marco de la autoevaluación y crecimiento institucional, se determinará cuál es la connotación que se ha dado al trabajo

---

6. RAVAGLIOLI, Fabrizio (1981): *Perfil de la teoría moderna de la educación.* México D.F. Grijalbo, p. 17.

7. Ibid, p. 34, 36.

y qué relación guarda este concepto con los planteamientos del currículo, todo esto, centrado en los objetivos de la institución y en los criterios de formación de los estudiantes para el trabajo.

Se ha observado en este aspecto, cómo en algunas instituciones se suele confundir la preparación para el trabajo con la preparación para el empleo (a veces, sub-empleo), y las diferentes modalidades adoptadas en el terreno de las áreas científicas, tecnológicas o artísticas, se caracterizan por la reducción a la automatización ("mano de obra barata"), dejando de lado la propia iniciativa, la creatividad, la posibilidad de proyección del ser humano y la filosofía del gusto por el trabajo, su visión social y su relación con el crecimiento personal, en condiciones de igualdad.

Desde otro punto de vista, el de la *"teoría pedagógica católica"*, Ravaglioli ha escogido a Jacques Maritain, argumentando que "ha sabido elaborar una visión filosófica y pedagógica que refleja los rasgos estables, o de larga duración, del concepto católico del mundo".

Siguiendo a Maritain cuyo planteamiento se dirige al objetivo de la educación escolar que "va más allá de la adquisición de conocimientos", en el sentido de que debe estar encaminado a la "preparación para la vida moral", en el proceso de autoevaluación institucional se determinará si se ha tenido en cuenta como algo primordial en los procesos de planeación, la consideración de los fines de la educación y si éstos, en forma especial, subrayan la importancia de "la persona".

Este análisis en la autoevaluación debe contemplar si al haber adoptado estos principios en la institución, realmente se reflejan en la vida diaria escolar, o son sólo letra muerta en el papel. Una observación minuciosa permitirá detallar indicadores precisos que muestren con claridad la manifestación, en la práctica, de una filosofía centrada en la persona y encaminada al logro de fines que van más allá de la adquisición de conocimientos. Con esto no se está queriendo decir que se deben definitivamente relegar los procesos de construcción de conocimiento, para darle prioridad y espacio único al desarrollo de valores, y menos, como ha ocurrido en algunas instituciones, cuando este espacio se restringe sólo al discurso verbal, con las diarias letanías de las advertencias y las amonestaciones, sin ninguna relación con la práctica, ni con el ejemplo del adulto frente al niño y al adolescente, y de espaldas a la interpretación de la propia historia, a la consideración de las condiciones de la vida en comunidad o al reconocimiento del verdadero sentido del diario vivir.

De otra parte, si se ha optado por algunas de las propuestas planteadas en la *teoría pragmática de la educación*, se enfatizará en la transmisión cultural, en contacto con la experiencia directa, particularmente contando con la apreciación sobre la democracia, que para Dewey, según Ravaglioli, "asegura aquella calidad de la experiencia que constituye el sentido específico del proceso educativo. Históricamente no se ha experimentado ninguna forma de organización social que sea más adecuada que la democracia para liberar las energías del hombre de los obstáculos, de las barreras de raza, de clase y de nacionalidad"[8].

En este terreno de la democracia, la autoevaluación tendrá en cuenta si las prácticas cotidianas en la institución suelen centrarse en un verdadero ejercicio de la participación, con

---

8. RAVAGLIOLI, Op. cit., p. 62.

amplio espacio de diálogo y debate, o si se aprecian serias grietas en este sentido, como por ejemplo, reducir peligrosamente la práctica de la democracia a un proceso electoral, como el que en algunas instituciones educativas gira alrededor de los personeros estudiantiles. No en pocos casos, estas elecciones se han visto marcadas por los mismos vicios "clientelistas" de las elecciones populares del país, vicios que riñen con la democracia y, suponemos, son los adultos o algunos medios de comunicación, los encargados de propagar e inculcar a los niños y jóvenes. Éstos los reproducen, desvirtuando el verdadero sentido de la decisión popular ejercida con responsabilidad y criterio, y carente de presiones o trampas, de tal modo que se llega a caricaturizar el ejercicio de la democracia.

Otro ejemplo que podría servirnos para este apartado, es el de la *teoría sociológica*. Si en la institución educativa se ha optado por acogerse a algunas de sus tesis, el hecho social será el núcleo del proceso pedagógico, en tanto "todas las instituciones educativas tienen su origen y sus funciones en el sistema social", según afirma Ravaglioli, siguiendo a Emile Durkheim. Trasladada la visión de Durkheim al tema de la autoevaluación, podremos decir que la institución educativa analizará la conveniencia o no para su desarrollo, del mejoramiento de "técnicas didácticas" ya preestablecidas y reguladas por la tradición, las normas o los valores, o si por el contrario, superando esta teoría, le debe abrir el camino a la innovación.

Por supuesto que el concepto de innovación, a la vez que ha de ubicarse en parámetros amplios, debe obedecer a un sentido riguroso y serio, que se aparte de lo que a veces suele creerse en algunas instituciones educativas, sobre la innovación identificada con cualquier actitud esporádica, decisión espontánea o práctica indiscriminada, sin fundamento alguno. En este punto, la referencia a lo universal debe articularse a lo particular, con profundidad y visión futurista.

En lo concerniente a la *teoría psicoanalítica*, también se pueden encontrar directrices que orienten los procesos en una institución educativa, como sería el caso de considerar la perspectiva de Ravaglioli sobre un Sigmund Freud "humanista liberal" y otro Freud "naturalista conservador", para centrar "la importancia de la teoría pedagógica freudiana" en "la riqueza del análisis del problema de la autoridad" (...) "Freud busca una medida de la educación, una suerte de justo medio entre el laissez faire y la prohibición frustrante. La prohibición radical parece inútil pues los impulsos no se dejan erradicar, y nociva en cuanto es ciegamente opresora, como ha sucedido a menudo en la tradición pedagógica"[9].

En la autoevaluación, particularmente en lo que concierne al campo de la —aún hoy— denominada "disciplina" en la institución, se ha de considerar qué concepto se maneja sobre este aspecto, en qué teoría está fundamentado dicho concepto, cómo se manifiesta en las distintas determinaciones y medidas que toman directivos y docentes, qué participación tienen los padres de familia en la estructuración de los procesos de formación de los estudiantes en la autonomía, qué tipo de vínculos se establecen entre el concepto manejado sobre la "disciplina", los procesos desarrollados en la institución, situaciones concretas sobre convivencia y niveles de tolerancia.

También se debe tener en cuenta en la autoevaluación si al referirse a la "disciplina" se dirige el tema sólo a los estu-

---

9. RAVAGLIOLI, Op. cit., p. 116.

diantes, sin considerar la posición de maestros y directivos que por su rol de formadores de niños y adolescentes, en lo que atañe a este tema, deben mostrarse como personas organizadas, responsables y cumplidoras de su deber, a la vez que profesionales creativos. Esto es, exigirse a sí mismos como directivos y maestros, desde similares o idénticos parámetros a los que se han determinado para los estudiantes, teniendo en cuenta el criterio del justo medio entre el "laissez faire" y la prohibición que frustra.

En cuanto hace referencia a lo que ha denominado Fabrizio Ravaglioli como *"teorías psicológicas de la instrucción y de la educación"*, se hace mención en la obra ya citada *Perfil de la teoría moderna de la educación,* a la teoría de Skinner sobre el tema del comportamiento humano condicionado a las consecuencias de la acción, lo cual ha recibido severas críticas por lo que de "asociacionismo" contiene la propuesta.

A pesar de esto, finalizando el siglo XX, en muchas instituciones existen aún prácticas de "adiestramiento", que por haberse convertido en algo habitual, pasan inadvertidas en los procesos de autoevaluación, ya que se les considera como propias y normales en el ejercicio de una autonomía mal entendida. Por ejemplo, se han visto casos en que el llamado *Manual de convivencia* es un verdadero tratado de ejemplos sobre procedimientos estímulo-respuesta, y otros en que se condiciona la matrícula del estudiante al comportamiento de los padres frente a situaciones concretas de la institución, con lo cual se está demostrando que posiciones obsoletas para la educación, como algunos puntos de vista de la tendencia conductista, son aún vigentes y se extienden a la familia, lesionando al estudiante y vulnerando el derecho a la educación.

La autoevaluación institucional, para convertirse en un factor de crecimiento, debe escudriñar en todos los vericuetos de la institución, a fin de detectar ciertas prácticas que a fuerza de ser implementadas diariamente en la vida escolar, se han vuelto cotidianas y se las sobrevalora, como algo imprescindible, sin que medie ninguna crítica, sin que se les confronte con tendencias actuales en materia educativa y sin pensar en la necesidad de sustituirlas por otras más convenientes.

En esta clasificación de las teorías psicológicas, también Ravaglioli ubica a Jerome Bruner, con su estudio de los procesos cognitivos, teniendo como una de las principales metas "la educación para el cambio". Lo anterior hace pensar que la autoevaluación debe prever como uno de sus interrogantes, hasta dónde se ha avanzado en la institución en materia de investigación y si los planteamientos pedagógicos y psicológicos que soportan los planes curriculares y las estrategias metodológicas practicadas en la institución, consideran los procesos cognitivos que tienen lugar en el desarrollo del estudiante.

Siguiendo a Bruner, en su libro La educación, *puerta de la cultura*[10], se habla de la relación entre "los modelos de la mente" y "los modelos de la pedagogía", para pasar a enunciar de qué manera se ve a los niños como "aprendices imitativos", o como aprendiendo de la exposición didáctica, como pensadores o como conocedores, para concluir que "la pedagogía nunca es inocente, es un medio que lleva su propio mensaje".

Un proceso de autoevaluación institucional tendrá en cuenta el análisis de los modelos pedagógicos que se implementan en el aula, con el fin de poder determinar, entre otros factores, qué sesgos se advierten en las prácticas de los maestros, si

---

10. BRUNER, Jerome (1997): *La educación, puerta de la cultura*. Madrid. Visor.

estas prácticas responden o no a los lineamientos del Proyecto Educativo Institucional, si hay congruencia en la articulación de modelos y cuál es "el mensaje" que están enviando a la comunidad las tendencias pedagógicas adoptadas por los maestros.

En lo concerniente a Jean Piaget, se presentará su punto de vista en el marco de lo que podría llamarse *teoría epistemológica*. Se toman como referencia para este punto, algunos planteamientos expuestos en la obra *A dónde va la educación*[11].

Piaget parte del texto del artículo 26 de la *Declaración Universal de los Derechos del Hombre*, del cual tomaremos los literales 1 y 2: "Toda persona tiene derecho a la educación" y "La educación tiene que apuntar a un pleno desarrollo de la personalidad humana y a un refuerzo del respeto por los derechos del hombre y por las libertades fundamentales".

Sobre este particular, Piaget formula algunos interrogantes y premisas que bien pueden servir como guía para la autoevaluación institucional: "¿Es posible formar personalidades autónomas por medio de técnicas que impliquen a distintos niveles una coacción intelectual y moral? ¿O acaso no hay contradicción alguna en los términos, y la formación de la personalidad no presupone una actividad espontánea y libre, en un medio social basado en la colaboración y no en la sumisión?". (...) "El derecho a la educación no es tan sólo el derecho a frecuentar una escuela: es también... el derecho a

---

11. PIAGET, Jean (1975): *A dónde va la educación.* Barcelona. Teide S.A.. 2ª edición.

74

encontrar en esta escuela todo lo necesario para construir una razón dinámica y una conciencia moral viva"[12].

Según los interrogantes y la premisa del párrafo anterior, en un proceso de autoevaluación, se deben considerar las estrechas relaciones que existen entre los eslabones de un proceso educativo. Por ejemplo, determinadas propuestas metodológicas y algunas actuaciones sobre la convivencia escolar podrían estar favoreciendo actitudes heterónomas, en vez de propiciar el desarrollo de la autonomía, lo mismo que algunas estrategias estarían llevando a la formación de estudiantes pasivos frente a la construcción de conocimiento o, por el contrario, sujetos con espíritu crítico y capacidad para solucionar problemas.

Siendo así, se llega a concluir que cualquier propuesta, decisión o actividad que se genere en la institución, dista mucho de ser un hecho aislado y sin repercusiones. A veces hasta las consideradas más ingenuas prácticas, suelen tener sorprendentes impactos –positivos o negativos– a mediano o a largo plazo.

Por ello, el Proyecto Educativo Institucional debe estar articulado de manera estructural y no como una suma de acciones inconexas, sin ningún fundamento, carente de principios o criterios sólidos. En este sentido, la autoevaluación debe dirigirse a indagar sobre los indicadores de rigurosidad o no en la estructuración del Proyecto Educativo Institucional —PEI— para poder ratificarse en aciertos de procesos compartidos o solucionar los inconvenientes que puede traer a una institución el hecho de que las personas trabajen como ruedas sueltas, haciendo cada quien lo que a su buen juicio considera mejor, pero sin una unidad de criterio, derroteros comunes o acuerdos razo-

---

12. PIAGET, Op. cit., p. 44.

nables y serios. En un proceso de autoevaluación de estas características, es clave la figura del rector y su oportuna y decidida participación.

Se ha visto hasta aquí, cómo algunos planteamientos de teorías de la educación pueden demarcar un camino para la formulación de criterios filosóficos, psicológicos, pedagógicos, sociológicos, culturales, epistemológicos, que sirvan de orientación para la elaboración y puesta en marcha de los PEI.

Una autoevaluación, precedida del estudio de dichas teorías, dará pie a interesantes procesos de reflexión sobre la práctica educativa en las instituciones y permitirá re-orientar procesos, crear innovaciones y formular nuevas teorías y propuestas para proyectos de investigación, con base en la detección de problemas reales de la institución.

Por supuesto que el estudio y análisis de dichas teorías debe "tomar en cuenta las condiciones de su surgimiento y de su aplicación, así como sus alcances y limitaciones, igualmente condicionadas por las relaciones entre las fuerzas en presencia", para evitar ver en "los planes y programas" implícitos en dichas teorías o "formulados por los dirigentes" (...) "los instrumentos de soluciones inmediatas" o tomar "la ideología por la realidad"[13].

---

13. LE BOT, Ivon, Op. cit., p. 115.

Otra forma de plantear la autoevaluación, es la de mirar, a través de terceras personas, los mismos sujetos o procesos que son motivo de análisis por parte nuestra.

Como pretexto, se tomarán dos poemas para ilustrar este aspecto:

POEMA A LA PROFESORA PRIMARIA

Maestra:
Obrera de las letras,
Orientadora de brújulas esdrújulas,
Bríndame la A y diré Amor, Ángel Azucena.
Bríndame la E y gritaré Ecuador, Eterno, Eco.
Bríndame la I y sabrás de mi Íntima Ilusión.
Bríndame la O y obtendrás Once Onzas de Orégano Oloro-
so.
Bríndame la U y Uniré Una a Una las Uvas del Universo.

Maestra:
Amiga
Olor a madre.
Tejedora de sílabas y tildes.
Jornalera de acentos y campanas.
Báñame en tu abecedario entero
y te prometo una sonrisa de óptima conducta,
un juego de sobresaliente aprovechamiento
y un poema de impecable aseo.

Ramiro Jiménez (ecuatoriano).

Melodía de la adolescencia
por árboles y corredores milagrosamente en pie.
Lágrimas guardadas con desvelo en las alcobas recónditas.
Sólo tras las ventanas el aroma de una mujer impalpable.
En la memoria un arlequín disecado, maestro de oscuridades
escribiendo con mirada de hierro
la dictadura del silencio.
Cálidos niños transformados en roca
y un veneno inefable en la penumbra de cuadernos
donde la letra roja era el signo de la muerte.
Todavía recuerdo contra el tablero impotente,
voz llegada de otro siglo
arrojándome letras o números hasta bañarme en sangre.
A la mañana un cura vestido como fantasma
hablando de las llamas de su propio infierno
mientras en el rincón obsceno,
pálida silueta de rodillas,
el gesto presidiario de nuestros pómulos
desacostumbrados al infame látigo.
El sábado las madres bajo el parlante de la queja.
Y a la hora del descanso, nosotros, los furtivos,
sin lengua, sin ojos, sin luz de día,
haciendo siempre la tumultuosa fila del quebranto.

Henry Luque Muñoz (colombiano).

Si contrastamos los dos anteriores poemas, tendremos dos imágenes opuestas sobre la visión del maestro. Por un lado, la maestra amiga, madre, sabia, que invita al recuerdo dulce de las vocales aprendidas con amor, asociando cada palabra con la vida. De otra parte, el "maestro de oscuridades", en el escenario de lo sórdido, con el sello de la incomunicación ("dictadura del silencio") y la violencia en sus procedimientos metodológicos y de evaluación ("arrojándome letras o números hasta bañarme en sangre" / "la letra roja era el signo de la muerte").

Se trata de imágenes que se oponen: En el primer poema, la palabra que ilumina y que crea; en el segundo, la palabra inexistente, o aquella que violenta. En el poema del ecuatoriano, la luz, la sonrisa y la libertad como símbolos del recuerdo grato sobre una maestra de primaria; en el poema del colombiano, la oscuridad, las lágrimas, la tortura y el infierno, como figuras del recuerdo de un maestro.

Tras la visión que tienen dos escritores de sus maestros en la infancia o en la adolescencia, subyace toda una ideología. Por un lado, el aprendizaje en un ambiente cálido, de diálogo y de creación. De otra parte, el aprendizaje de "la letra con sangre entra", en un ambiente hostil.

Cuando hablamos de autoevaluación institucional, estamos pensando en el Proyecto Educativo Institucional, en los procesos, en la infraestructura de la planta física donde funciona la institución educativa, en los recursos existentes y en otros muchos aspectos, para los cuales a veces diseñamos instrumentos bastante elaborados que permiten llegar a conclusiones rápidas y prácticas para tomar decisiones.

Pero en ocasiones, omitimos pensar en la persona del maestro:

1. ¿Cómo están su formación académica y su madurez profesional para asumir los retos planteados en páginas anteriores sobre la necesidad de la autocrítica, el pasaje de la "transitividad ingenua a la transitividad crítica", el

desarrollo asociado a los procesos democráticos, la actitud frente al cambio, la tarea de la restitución y de la renovación, el análisis de las teorías modernas de la educación y su aplicación en el quehacer profesional diario?

2. ¿Resistirá su práctica la evaluación objetiva, espontánea y sincera de los estudiantes?

3. Si se tratara de que cada estudiante escribiera todo aquello que piensa y siente acerca de la actitud profesional y de ciertos comportamientos de su maestro/a, ¿qué sorpresas encontraríamos en estos escritos?

4. ¿Tal vez nuestros estudiantes escribirían algo parecido al poema del poeta Ramiro Jiménez, o acaso hablarían de nosotros como lo hizo el escritor Henry Luque Muñoz sobre su maestro?

Con lo expuesto anteriormente, podemos empezar a pensar en la autoevaluación, no sólo desde el ángulo unidireccional de nuestra mirada sobre la propia gestión. La memoria del tiempo y los testimonios a los que se hace referencia en esta parte del presente capítulo, nos llevan a detenernos necesariamente en la idea de que la influencia de la escuela y del maestro es de tal magnitud, que supera barreras del tiempo y acompaña al sujeto hasta su edad adulta, como una huella indeleble, que para bien o para mal, marcará su vida.

Siendo vital la influencia del maestro, se sugiere que la autoevaluación, con base en la propuesta de la memoria del tiempo y los testimonios, se trabaje con un paradigma cualitativo, desde un enfoque etnográfico, que permita interpretar los textos escritos por los padres de familia o los estudiantes sobre sus maestros, en un proceso de reconstrucción de tendencias culturales y académicas, haciendo hincapié en la interrelación de diversos aspectos en el hecho educativo, la exploración de facetas novedosas en la práctica pedagógica, la comprensión de fenómenos asociados al progreso de los estudiantes, como consecuencia de la labor del maestro y el descubrimiento de situaciones cotidianas como significativas para el avance o estancamiento en el desarrollo de los niños y adolescentes.

¿QUÉ ASPECTOS EVALUAR?

Cada institución puede diseñar y validar su propio instrumento de autoevaluación o aplicar cualquiera de los que se divulgan en el medio, y que han sido elaborados con rigor y precisión.

El Ministerio de Educación Nacional de Colombia —MEN— ha editado en su serie Documentos *de trabajo*, la guía de *Autoevaluación y mejoramiento institucional (1997)* —ya citada en el capítulo anterior— con el ánimo de orientar los procesos de reflexión en cada institución, sin riesgo de limitar o afectar la autonomía.

El documento del MEN propone dirigir la autoevaluación hacia los procesos pedagógicos, los procesos de administración y gestión escolar y los procesos de participación comunitaria.

Los procesos pedagógicos son presentados por el MEN como aquellos que incluyen acciones de la comunidad educativa referidas a la construcción de conocimiento, las formas de relacionarse entre sí y aquellas que permiten avanzar "hacia el desarrollo integral humano". En estos procesos los docentes son "valiosos e irremplazables", ya que "cumplen el papel de mediadores entre las producciones de la cultura universal y el mundo cultural de los estudiantes".

Los procesos de administración y gestión escolar, según el documento del MEN, son aquellos que tienen que ver con "la conducción de la institución" y el "proceso de formulación, ejecución y evaluación del Proyecto Educativo Institucional". Todo esto, en el marco de una comunidad educativa organizada y "un estilo de administración colegiada y democrática", que garantice el adecuado manejo y utilización de los recursos.

Los procesos de participación de la comunidad educativa son aquellos que están encaminados a lograr el vínculo de la comunidad con las acciones propias del desarrollo de la institución.

Como no se trata de describir minuciosamente las características de la guía de autoevaluación del MEN, brevemente se exponen, a continuación, algunos aspectos de su contenido:

- Consta de nueve capítulos (horizonte institucional, gobierno escolar, estrategia curricular, estrategia administrativa, estrategia de recursos y planta física, desarrollo del estudiante, desarrollo del personal, desarrollo de la comunidad, evaluación y mejoramiento institucional).

- Cada capítulo se define conceptualmente e incluye temas asociados con el aspecto que se propone evaluar.

- Existen criterios "a la luz de los cuales se hace el análisis y la reflexión de cada tema".

- Se suma, a lo anterior, un conjunto de indicadores y la "descripción de cinco posibles estados globales de la institución" en relación con cada capítulo.

- Se abre la posibilidad de escribir la síntesis de la evaluación de cada capítulo, los logros más importantes y los aspectos por mejorar.

- Una representación gráfica permitirá observar el estado alcanzado en la evaluación de cada capítulo.

- Se incluye, al final, la orientación para formular un plan de mejoramiento continuo, "como forma de vida y de actuación", con el fin de lograr un "estándar superior de desempeño".

Bien sea que en el proceso de autoevaluación institucional se utilice el instrumento del Ministerio de Educación Nacional u otro que se considere pertinente, se sugiere tener en cuenta los criterios y principios anotados en páginas anteriores de este libro, a propósito de los siguientes temas:

1. Los "cuatro núcleos problemáticos" establecidos por la Misión Ciencia, Educación y Desarrollo.

2. Las tensiones que están en el centro de la problemática del siglo XXI.

3. La autocrítica como estrategia de crecimiento.

4. La mirada al pasado, teniendo como punto de referencia la tarea de la restitución y de la renovación, las teorías modernas de la educación y la memoria del tiempo y los testimonios.

SOCIALIZACIÓN ENTRE PARES

Una forma efectiva y ágil de proyectar el análisis de la propia gestión, es la de presentar los resultados de la autoevaluación institucional, ante grupos de personas que estén trabajando en la misma línea y sirvan de interlocutores, como pares.

La autoevaluación con base en esta confrontación, permitirá encontrar puntos comunes, diferencias en el manejo de conceptos o en la aplicación de propuestas y nuevas ideas para adaptar a la propia gestión.

La reunión de un grupo de personas en torno a intereses similares en materia de educación, además del enriquecimiento profesional que conlleva, permite la apertura de espacios hacia la conformación de comunidades académicas, tan importantes y necesarias para el debate, el análisis conjunto y la construcción de conocimiento.

Refiriéndose a la evaluación entre pares, en proyectos de investigación, Francisco Gutiérrez afirma que es "una herramienta fundamental para la ciencia contemporánea", ya que "ayuda a construir comunidad científica, educando a los investigadores en las destrezas de la crítica, la intersubjetividad y la respuesta cualificada. En este sentido, involucra una pedagogía que no ofrece ninguna otra forma de evaluación" (...) "... constituye un período extremadamente rico de aprendizaje y de esclarecimiento de ideas"[14].

---

14. GUTIÉRREZ, Francisco (1994): "El discreto encanto de los pares. Algunos problemas de la evaluación ex ante". En: *Colombia ciencia y tecnología.* Publicación trimestral de Colciencias, Santa Fe de Bogotá, volumen 12, No 1, p. 12.

La estrategia de la socialización entre pares, para el caso que nos ocupa, consiste en presentar —en paralelo— los resultados del proceso de autoevaluación, ante un grupo de directivos, docentes, estudiantes y padres de familia, con el ánimo de que dos o más instituciones muestren los avances y dificultades en la propia gestión académica y administrativa, aprendiendo de la exposición del otro y recibiendo de los pares sugerencias, comentarios críticos y, en general, observaciones que puedan ser tenidas en cuenta para corregir fallas.

La crítica, entendida como se ha planteado en la primera parte de este capítulo, es una de las ganancias de esta estrategia de socialización entre pares, en cuanto permite el intercambio de ideas que pueden llevar a la ratificación o al redireccionamiento de procesos en la institución educativa.

De otra parte, la intersubjetividad, podría considerarse como esa alianza tácita de los pares, que hablan el mismo lenguaje, tienen intereses y puntos de contacto, se hallan inmersos en mundos profesionales parecidos, en cuanto a expectativas, inquietudes o problemas, y se comunican en un lenguaje común, para nuestro caso, el de la pedagogía. Todo lo anterior, se constituye en una clave para el acercamiento y el apoyo mutuo.

La respuesta cualificada que sale a flote en este desarrollo de la estrategia de la socialización entre pares, es un elemento de confianza en el proceso, como indicador del respeto y la solidaridad que los pares guardan entre sí, frente al conocimiento que han tenido de la propuesta de otros. La base del enriquecimiento en este tipo de trabajo, la tiene precisamente la respuesta cualificada, que se considera como el aporte brindado al par, sin caer en los extremos de la adulación o de la destrucción.

En resumen, es aconsejable que los resultados de la autoevaluación no se queden en los anaqueles de la propia institución, sino que salgan de allí, para ser confrontados con los pares, con el ánimo de crear redes, consolidar procesos de construcción de conocimiento y cualificar el servicio educativo.

DE CARA AL FUTURO

Con el propósito de orientar la autoevaluación institucional con criterios de proyección hacia el futuro, en este apartado se tomarán dos puntos de vista: Los factores *de éxito para el siglo XXI* y algunos planteamientos de Ernesto Sábato en sus libros *Hombres y engranajes* y *Antes del fin*.

FACTORES DE ÉXITO PARA EL SIGLO XXI

Partiendo de la teleconferencia del Doctor Lester Turow, en el Décimo Congreso Mundial de Productividad, llevado a cabo en Santiago de Chile, en 1997, Luis Emilio Velásquez ha presentado cinco "factores de éxito de las organizaciones del siglo XXI", que podemos tener en cuenta para las instituciones educativas. Son ellos: "Desarrollar procedimientos de cambio (evolución permanente) sin necesidad de llegar a una crisis, construir cadenas de valor agregado, comprometerse con parámetros mundiales, generar y desarrollar los temas base del conocimiento y habilidades requeridos por las personas y tener una visión global"[15].

---

15. VELÁSQUEZ BOTERO, Luis Emilio (1997): "Los factores de éxito para el siglo XXI". En: *Colombia por la calidad.* Revista de la Corporación Calidad, año 3, No 3. Santa Fe de Bogotá D.C. p. 20-21.

Tratándose de procesos de autoevaluación de instituciones educativas, se pueden aplicar los cinco factores antes mencionados para tomar decisiones que en un futuro repercutirán en el progreso.

En cuanto a la necesidad de desarrollar procedimientos de cambio, además de lo ya expuesto en el primer apartado de este capítulo, *La autocrítica como estrategia de crecimiento*, se puede anotar con Velásquez, que la garantía del éxito debe partir del "aprender a aprender, ablandar las rigideces mentales que crean inflexibilidad, desarrollar nuevas concepciones de la reflexión y el diálogo".

El cambio es algo inherente al desarrollo y al progreso. Quien se niegue a flexibilizar su actitud y cierre las puertas a la innovación, podría estar condenado al fracaso. En el caso de una institución educativa, este tipo de comportamientos provenientes de directivos o docentes, podrían conducir a toda la comunidad educativa, o buena parte de ella, hacia el anquilosamiento, las limitaciones en la perspectiva del futuro y la franca decadencia, con lo cual no sólo se obstaculizaría el desarrollo de los estudiantes, sino que se dejaría de responder efectivamente a las demandas sociales en materia de educación.

El cambio en la institución educativa debe contemplar la aplicación de técnicas modernas y efectivas en la gestión escolar, la consideración del trabajo mancomunado con los padres de familia, la determinación de amplios espacios de comunicación entre los miembros de la comunidad educativa, la contemplación del trabajo investigativo como centro de las acciones en los procesos pedagógicos y la superación de paradigmas obsoletos en materia de aprendizaje y formación de valores en los estudiantes.

Sobre el segundo factor de éxito para el siglo XXI, construir cadenas de valor agregado, se trata de "garantizar las cadenas entre las diferentes organizaciones". En el caso de instituciones educativas, esto se logrará gracias a la vinculación de la institución con otras entidades, por medio de convenios o acuerdos, para el desarrollo de actividades de proyección social y de relación con el mundo laboral, entre otras.

Otra forma de construir cadenas de factor agregado, puede ser la de venta o intercambio de servicios. Para cualificar estos procesos, surge aquí nuevamente la necesidad de elaborar proyectos, como forma de estructurar sobre un sólido trabajo investigativo la presentación de propuestas que den imagen y prestigio a la institución.

Comprometerse con parámetros mundiales –otro de los factores de éxito para el siglo XXI– ha sido relacionado por Velásquez con el sentido de colectividad que implica el desarrollo y su consideración como "un proceso de aprendizaje permanente y compartido", ya que "los parámetros de referencia no pueden tomarse con criterios cerrados y provinciales".

Partiendo del conocimiento de lo local y su aceptación como parte importante en la propia cultura e historia, en la proyección de una institución educativa, desde su autoevaluación, se deben considerar parámetros mundiales sobre diferentes aspectos, como teorías pedagógicas, gestión de proyectos, desarrollo de experiencias innovadoras, funciones de la escuela más allá de sus muros, formulación de planes curriculares que contemplen criterios de interdisciplinariedad, utilización de los medios de comunicación y de las modernas tecnologías, y aplicación de estrategias de conciliación como centro de la actividad comunicativa para solucionar conflictos.

El cuarto factor de éxito para el siglo XXI, constituido por la generación y desarrollo de temas base del conocimiento y habilidades requeridos por las personas, se centra en superar el concepto de capacitación con poca estructuración y desarticulada de las necesidades que se han previsto para el futuro.

En el marco de las instituciones educativas, este factor debe estar estrechamente ligado a resultados de la autoevaluación en materia de formación de los directivos y docentes en el tema del cambio y actualización en las tendencias metodológicas, revisión y ajuste de criterios sobre el saber pedagógico, nuevas formas de organización social, habilidad para solucionar problemas, acceso a la información acumulada y uso de la misma, competencia para recibir, interpretar y analizar los medios masivos de comunicación y desarrollo de la creatividad como capacidad para producir ideas nuevas y originales.

Finalmente, tener una visión global, como quinto factor de éxito para el siglo XXI, se basa en el criterio de interacción de las organizaciones mundiales de todo tipo.

La institución educativa, en su proyección a futuro, no debe dejar de lado los avances científicos y tecnológicos que han tenido lugar a nivel mundial. Una seria autoevaluación determinará hasta qué punto la institución se ha estancado en este aspecto, por ignorancia, por ejercicio de prácticas anacrónicas o simplemente por no haberse percatado de que lo local se conoce y se ama, muchas veces, desde la contemplación y análisis de lo universal.

ALGUNOS PLANTEAMIENTOS DE ERNESTO SÁBATO

En su libro *Hombres y Engranajes,* el escritor argentino reflexiona sobre lo que él ha llamado "el caos que rodea" al hombre de nuestro tiempo. Entre sus planteamientos nos encontramos con lo siguiente:

La masificación suprime los deseos individuales, porque el Superestado necesita hombres-cosas intercambiables, como repuestos de una maquinaria.

Es falso que el hombre desee ese pensamiento objetivo y desinteresado: quiere el conocimiento trágico, que se amasa no sólo con la razón, sino con la pasión y la vida. El hombre se revela contra lo general y lo abstracto, contra el principio de contradicción; porque el hombre de carne y hueso es justamente la contradicción: es y no es, es santo y es demonio, ama y odia, es pequeño y a la vez es capaz de portentosas hazañas.

El hombre debe luchar hoy por una nueva síntesis; no una mera resurrección del individualismo, sino la conciliación del individuo con la comunidad, no el destierro de la razón y de la máquina, sino su relegamiento a los estrictos territorios que le corresponden[16].

A los puntos de vista expuestos en páginas anteriores sobre *los factores de éxito para el siglo XXI,* se le deben sumar los planteamientos de Sábato, como la otra cara de la moneda, para proyectar la educación del próximo milenio tomando al hombre en su dimensión de ser único e irrepetible. En este orden de ideas, quizás la utopía logrará abrir en el campo educativo espacios para la solidaridad, la creación y la libertad.

---

16. SÁBATO, Ernesto (1980): *Hombres y engranajes.* Madrid, Alianza. 2ª edición, p. 51, 61, 89.

Toda propuesta educativa que surja de una autoevaluación crítica, si es consecuente con las necesidades de la sociedad actual en el mundo y las particulares expectativas de un país como Colombia, agobiado por la violencia, no descartará la consideración de plantear alternativas para responder a la urgencia que tiene el hombre de comunicarse verdaderamente con otros hombres; de alimentar sus sueños; de poder disfrutar del ocio creativo; de vivir en un ambiente de justicia; de alcanzar la verdad; de preservar los recursos naturales, no sólo de su uso irracional, sino también del saqueo.

Se trata, de esta manera, de ver la educación como "lo más decisivo en el porvenir de un pueblo" según afirma Sábato en su libro *Antes del fin,* y mirar al futuro desde la posición de "buscadores de la verdad", como le fue enseñado "con cariñosa disciplina" por sus maestras en la infancia al escritor argentino, para "construir una historia en la que el hombre sea protagonista, en lugar de ser un nuevo condenado"[17].

La autoevaluación institucional no debe ceñirse únicamente a mirar al pasado, sino que también debe contemplar la proyección de decisiones hacia el futuro, teniendo en cuenta no sólo la situación institucional, sino el marco histórico, político y sociocultural en que se mueve el hecho educativo y la necesidad que tiene la sociedad de que la educación, desde la vida escolar, ponga su grano de arena en la consolidación de un mundo más sano y más justo, donde realmente se pueda vivir en paz.

---

17. SÁBATO, Ernesto (1999): *Antes del fin.* Santa Fe de Bogotá D.C. Planeta. 2ª reimpresión, p. 125, 128, 157.

De esta manera, de la autocrítica y los buenos propósitos, se debe pasar a los hechos, con planes y programas concretos que reflejen el interés de la institución educativa y de sus miembros, por responder a las expectativas reales de la sociedad de nuestro tiempo y construir el país que aspiramos para las futuras generaciones.

Para esto, una cara de la moneda la constituyen la asunción de efectivas técnicas modernas en materia de gestión académica y administrativa en el campo educativo, la organización de cadenas de organizaciones, el compromiso con parámetros mundiales que hayan demostrado éxito para el progreso del ser humano y de la sociedad, y la valoración de las características de la propia realidad, en un contexto de justicia social, equidad e igualdad de oportunidades.

La otra cara de la moneda está determinada por la consideración del hombre como individuo, la respuesta a sus necesidades específicas no sólo en materia de conocimientos científicos o tecnológicos, sino tomando en cuenta también el campo del arte y la apertura de espacios hacia el conocimiento de sí mismo, el estudio de la historia del país, el análisis de la influencia de la situación política en su diario vivir, el diálogo productivo, la convivencia pacífica, la necesidad de compartir, el enriquecimiento espiritual y la creatividad.

AUTOEVALUACIÓN INSTITUCIONAL Y AUTONOMÍA

Para terminar este capítulo, se recalca la estrecha relación entre la autonomía y el hecho de llevar a cabo en forma seria y sistemática la autoevaluación por parte de los miembros de una comunidad educativa.

Todo proceso de gestión exige un análisis de su desarrollo. El autocontrol, la mirada interna al desarrollo propio de una institución y la búsqueda de soluciones a los problemas, representan un reto que, al asumirse con preparación y madurez, le abre el camino al ejercicio de la autonomía, como el derecho que nos asiste a crear nuestro propio espacio de progreso, con responsabilidad y eficiencia en el ejercicio de la diaria labor, produciendo nuevos conocimientos, creando alternativas de gestión y dejando un legado para las futuras generaciones.

La autoevaluación, sólidamente fundamentada, bien orientada por el/la rector/rectora y los demás integrantes del Consejo Académico, y con proyección al mejoramiento institucional, conducirá a afianzar la autonomía, en tanto se ejerza desde los principios de:

- La autocrítica como estrategia de crecimiento, a través de la superación de la "transitividad ingenua", para alcanzar la "transitividad crítica", la asociación del desarrollo con los procesos democráticos, la determinación de la necesidad de un cambio, y la experimentación del debate y el análisis de los problemas, en condiciones de verdadera participación.

- La mirada al pasado, teniendo en cuenta la tarea de la restitución y de la renovación, las teorías modernas de la educación, y la memoria del tiempo y los testimonios.

- La aplicación de un instrumento debidamente validado.

- La estrategia de la socialización entre pares, como consolidación de un proceso pedagógico caracterizado por las destrezas de la crítica, la intersubjetividad y la respuesta cualificada.

- La visión para construir futuro.

BIBLIOGRAFÍA

AGUIRRE SILES, Alfredo (1992): "Imágenes de dos civilizaciones en tres momentos de la historia". En: *Tablero*. Revista del Convenio Andrés Bello, Santa Fe de Bogotá D.C., No. 43 (agosto de 1992), p. 9-16.

BRUNER, Jerome (1997): *La educación puerta de la cultura.* Madrid, Visor.

FAURE, Edgar (1982): *Aprender a ser.* Madrid. Alianza.

FREIRE, Paulo (1992): *La educación como práctica de la libertad.* México D.F. Siglo XXI.

GUTIÉRREZ, Francisco (1994): "El discreto encanto de los pares. Algunos problemas de la evaluación ex ante". En: *Colombia ciencia y tecnología.* Publicación trimestral de Colciencias, Santa Fe de Bogotá D.C., volumen 12, No. 1, p. 12-13.

LE BOT, Ivon (1985): *Educación e ideología en Colombia.* Medellín. Lealon.

MINISTERIO DE EDUCACIÓN NACIONAL (1997): *Autoevaluación y mejoramiento institucional.* Santa Fe de Bogotá D.C.

PIAGET, Jean (1975): *A dónde va la educación.* Barcelona. Teide S.A.

RAVAGLIOLI, Fabrizio (1981): *Perfil de la teoría moderna de la educación.* México D.F. Grijalbo.

SÁBATO, Ernesto (1980): *Hombres y engranajes.* Madrid. Alianza.

_______________ (1999): A*ntes del fin.* Santa Fe de Bogotá D.C. Planeta.

SAVATER, Fernando (1999): *Las preguntas de la vida.* Barcelona. Ariel.

VELÁSQUEZ BOTERO, Luis Emilio (1997): "Los factores de éxito para el siglo XXI". En: *Colombia por la calidad.* Revista de la Corporación Calidad, año 3, No. 3. Santa Fe de Bogotá D.C, p. 20-21.

ZULETA, Estanislao (1997): *Elogio de la dificultad y otros ensayos.* Cali. Feriva.

Capítulo III

Manejo de conflicto institucional

¿Por qué se presentan conflictos en las instituciones educativas?

En términos generales, un conflicto es aquella situación de choque entre varias personas o grupos de personas, que se origina en marcadas y, al parecer, insalvables diferencias. En el conflicto se puede presentar ruptura en las relaciones, por lo que se suele percibir como el carácter irreconciliable entre los distintos puntos de vista, o el manejo inadecuado de la diversidad de criterios o de las variadas posiciones frente a los hechos. En este sentido, los conflictos no son producto de la generación espontánea o del azar, sino que se dan como consecuencia directa de ciertas actitudes de las personas o de la colisión de circunstancias específicas.

Según Eduard Vinyamata, los conflictos son "enfrentamientos entre *egos,* (...) entre personas poderosamente influidas por reacciones emocionales básicas, incontroladas o bien, deficientemente controladas"[1].

En las instituciones educativas se presentan conflictos por muchas razones. Se trata en este apartado de mostrar sólo algunas de ellas, las cuales se han clasificado en cuatro grupos, a saber:

- Comunicación.
- Poder
- Criterios.
- Compromiso.

COMUNICACIÓN

Los procesos de comunicación en la institución educativa, que abarcan el constante diálogo entre las personas, la creación de espacios de interlocución y la superación de obstáculos para el intercambio de ideas, conceptos, criterios y opiniones, son vitales para la armonía y el logro de un buen clima institucional, a la vez que son determinantes para el manejo y solución de conflictos. Éstos a veces se presentan, precisamente, por la inexistencia de espacios de comunicación.

---

1. VINYAMATA, Eduard. "La resolución de conflictos". En: *Cuadernos de pedagogía. No. 246.* Barcelona. Fontalba S. A. (abril de 1996); p. 90.

Un ejemplo claro de conflictos que surgen en las instituciones, por incomunicación, se ve frecuentemente cuando los maestros, actualizados en cuanto hace referencia a las propuestas sobre procesos matemáticos y de lectura y escritura, aplican estrategias en el aula y asignan tareas a los estudiantes, que están muy lejos de parecerse a las tradicionales memorización de las tablas de multiplicar, planas de escritura o transcripción de textos completos de un libro al cuaderno.

Algunos padres de familia suelen reaccionar negativamente ante estas "nuevas propuestas", porque consideran que sus hijos no están aprendiendo, ya que no les recitan de memoria las tablas o se dedican durante varias horas a llenar páginas con planas. Surge entonces el conflicto, cuando se empiezan a dar calificativos a los maestros como "malos o incompetentes" y se hacen vaticinios sobre su responsabilidad directa en el fracaso escolar.

Una comunicación clara, amplia y oportuna con los padres de familia, además de ponerlos, de manera general, en el contexto de la matemática moderna y aclararles dudas con respecto a los principios psicolingüísticos, sociolingüísticos y semióticos frente al desarrollo de la lectura y la escritura, permitirá abrir el espacio para el cambio de paradigmas, crear expectativas positivas frente a las nuevas concepciones pedagógicas de las áreas de conocimiento y comprender mejor los criterios que acompañan las decisiones de los maestros en materia de estrategias en el aula, formas de evaluación y asignación de tareas.

PODER

La forma como se maneja el poder, como la actitud de control, mando o dominio sobre todas las circunstancias, hechos y aun personas, en las instituciones educativas, suele ser motivo de conflicto. En este aspecto, vemos situaciones de autoritarismo reflejadas en la toma arbitraria de decisiones que afectan directamente a las personas o al normal desarrollo de los procesos, la aplicación de sanciones sin contar con la participación del supuesto infractor de la norma, para escuchar su versión de los hechos, el desconocimiento de la diversidad de actitudes y caracteres, el rechazo a todo intento de participación, la discriminación, o el "revanchismo" frente a quienes han demostrado una actitud crítica.

Según José Noé Ríos, "el poder se clasifica de varias maneras: por legitimidad, por capacidad de convicción, por capacidad de intimidación, por capacidad de lucha, por capacidad para ofrecer y para dar, por capacidad para adquirir compromisos, por disposición para correr riesgos, por capacidad para tomar represalias"[2].

En algunas instituciones educativas a veces se toman medidas extremas, que llegan a transgredir las normas legales. El conflicto se genera cuando alguien ve lesionados sus derechos y no encuentra eco en sus peticiones.

El siguiente caso[3] es clara muestra de lo anteriormente descrito: En una institución, supuestamente basados en el derecho a la autonomía, se ha firmado un "acuerdo" entre los miembros

---

2. RÍOS MUÑOZ, José Noé (1997): *Cómo negociar a partir de la importancia del otro.* Santa Fe de Bogotá D.C. Planeta Colombiana. 2ª edición, p. 28.

3. Todos los ejemplos que se presentan, a partir de este caso, en el capítulo 3 del presente libro, se han tomado de la vida real de instituciones educativas del sector oficial o privado, en Colombia, la mayoría de ellas ubicadas en Bogotá D.C. Se aclara que por tratarse del tema de la presencia del conflicto en el

del Consejo Directivo y un padre de familia, que ha sido considerado como "conflictivo". El texto del acuerdo, además de condicionar la matrícula de un estudiante menor de edad, señala una serie de prohibiciones a su padre y anota que de caer en dichas prohibiciones, se le cancelaría el cupo al niño. El conflicto se conoce fuera de la institución, cuando el padre de familia presenta su queja y alega que firmó obligado, por temor a que no le matricularan su hijo en la institución.

Este ejemplo evidencia claramente abuso del poder, tergiversación del concepto de autonomía, arbitrariedad en un procedimiento y violación al derecho fundamental a la educación.

Nótese, además, que se busca solucionar la situación de un padre aparentemente "conflictivo", creando otro conflicto: Los miembros del Consejo Directivo pretenden llegar al extremo de sancionar al hijo por las supuestas faltas que pueda cometer el padre frente a la institución. Por su parte, el padre de familia, se encuentra en situación de desventaja y ambivalencia, y es víctima de lo que podría catalogarse como un chantaje: si no firma el "acuerdo", su hijo no será matriculado. A la vez, si firma, está arriesgando la matrícula del niño, porque el texto del acuerdo pone condiciones para la permanencia del estudiante en la institución.

ámbito escolar, por supuesto predominarán en los ejemplos las situaciones problemáticas que no son, de ninguna manera, el "común denominador" entre instituciones educativas, ni tampoco se constituyen en situaciones cotidianas o recurrentes del diario vivir de la escuela. Por lo anterior, no deben ser tomados los ejemplos como base para establecer generalizaciones sobre el comportamiento de los maestros o de los estudiantes, ni tampoco deberán ser utilizados como referencia en una eventual evaluación del magisterio.

El caso anterior puede considerarse casi como una réplica en una institución educativa, de situaciones políticas y socio-económicas vividas a nivel nacional y mundial, que han generado serios conflictos en distintos sectores de la educación, la salud y la producción en general. La anterior comparación no resulta exagerada, ni mucho menos traída de los cabellos, si se asimila el caso en mención a la metáfora de Ernesto Sábato sobre la alternativa del neoliberalismo como "una afirmación criminal, porque es como si en un mundo en que sólo hubiese lobos y corderos nos dijeran: Libertad para todos, y que los lobos se coman a los corderos". (...) "Los gobiernos han olvidado, casi podría decirse que en el mundo entero, que su fin es promover el bien común"[4]. Para nuestro caso-ejemplo, se trata del gobierno escolar, a través de uno de sus órganos: el Consejo Directivo de una institución educativa.

Sólo un serio análisis del conflicto y una verdadera toma de conciencia, permitirá salvar las diferencias y dar un tratamiento justo a las personas a quienes se les han vulnerado sus derechos.

CRITERIOS

La determinación de criterios inconsistentes o contradictorios y, a veces, la inexistencia de los mismos, suelen ser motivo de conflicto en las instituciones educativas.

Todos los procesos de carácter administrativo o académico en una institución deben estar respaldados en criterios sólidos. Cuando esto no ocurre, por lo general, vienen los enfrentamientos entre las personas y surge el conflicto.

____

4. SABATO, (1999), Op. cit., p. 119, 204.

Se entiende por criterio la directriz fundamentada que guía una acción, proceso o proyecto. El criterio es, por tanto, base y orientación. Si se carece de estos dos pilares, se empezarán a dar "palos de ciego" y se abonará el terreno para que surjan dificultades en la institución.

Un caso concreto de este tipo de situaciones se presenta cuando surge conflicto porque los estudiantes consideran que han sido inconvenientemente evaluados en una asignatura. Siguiendo a la profesora Gloria Rincón en su trabajo "realizado en una instancia investigativa", sobre la asignación de un resumen como tarea para ser llevada a cabo por los estudiantes y la competencia de los maestros para elaborar resúmenes, podemos citar un caso, más frecuente en nuestras instituciones de lo que suele pensarse.

Luego de revisar la forma como se dan instrucciones a los estudiantes para que produzcan resúmenes y analizar algunos resúmenes elaborados por los mismos docentes, Gloria Rincón afirma que "los profesores dan como tarea hacer resúmenes escritos, sin aportar guías para su elaboración". (...) "Nos parece que estos datos pueden apoyar la hipótesis de que los maestros no sienten la necesidad de ser competentes ellos mismos en la producción de los textos escritos que enseñan, bien porque en su formación este elemento no es indispensable o porque en la escuela basta pedir a otros que los hagan o porque no creen que se tengan carencias en este aspecto ya que, al fin y al cabo, él o ella son los maestros y las dificultades pueden estar en los alumnos o en los métodos"[5].

---

5. RINCÓN BONILLA, Gloria (1997): "Tarea: hacer un resumen. ¿Y los maestros saben hacerlo?". En: BUSTAMANTE, Guillermo, JURADO, Fabio (comp.): *Entre la lectura y la escritura. Hacia la producción interactiva de los sentidos.* Santa Fe de Bogotá D.C. Magisterio, p. 60, 82.

Fácilmente puede presentarse un conflicto cuando el estudiante que no ha recibido orientaciones claras sobre lo que es un resumen, elabora lo que él considera que puede ser este tipo de texto y no alcanza, según su maestro/a, los logros esperados. Maestro/a y estudiante se verían enfrentados, cada uno con sus razones o argumentos.

Surgen, entonces, algunos interrogantes: ¿cuáles pueden ser para el maestro/a estos logros si él/ella mismo/a no sabe elaborar un resumen? ¿Con qué autoridad moral y académica puede exigir a un alumno una competencia que él/ella como maestro/a no domina? ¿Con qué parámetros puede evaluar la elaboración de un resumen, si no ha dado al estudiante las instrucciones claras para elaborarlo?

Estas y otras preguntas se deben responder antes de dejar progresar un conflicto que se ha originado en la falta de criterios por parte de un/a maestro/a, problema que el estudiante ha capitalizado con sobrada razón.

El conflicto no se solucionará, por tanto, haciendo repetir un grado escolar al estudiante o insistiéndole en que debe participar en tantas "actividades de recuperación" como sean necesarias para aprender a elaborar un resumen. El centro del conflicto está en remediar la situación del/la maestro/a, en cuanto a la adquisición de la competencia, en primer lugar, y luego en el diseño de estrategias metodológicas para poder orientar a sus estudiantes en la elaboración de un resumen.

El anterior es un caso típico en el que la falta de criterio da lugar a un conflicto, que puede agravarse o extenderse, si no se atiende con prontitud a las verdaderas causas del mismo.

En una institución educativa el compromiso es la actitud de respuesta positiva y oportuna frente a los fines establecidos en el Proyecto Educativo Institucional —PEI—, la calidad de la gestión y la participación responsable y efectiva en todos los procesos que demanda el desarrollo de los estudiantes.

En las instituciones suelen presentarse dificultades cuando no se asume el compromiso con la connotación expuesta en el párrafo anterior, o cuando se desvía su sentido, por intereses personales, interpretaciones superficiales de los hechos o falta de madurez. En este contexto, surge el conflicto cuando se evade el establecimiento de prioridades, cuando se incumplen los acuerdos, cuando no se asumen actitudes profesionales frente a la toma de decisiones, cuando se manifiesta indiferencia frente a los problemas de la institución o apatía para participar en su solución, o cuando la práctica diaria escolar refleja todo lo contrario de lo que se ha propuesto en el texto del Proyecto Educativo Institucional.

Tal es el caso, por ejemplo, de las situaciones que se presentan cuando se trata de la toma de decisiones sobre la asignación académica para los maestros, al comenzar un año escolar, particularmente en el sector oficial. Se pueden dar circunstancias como cambio en el énfasis del PEI, lo cual podría crear la necesidad de hacer ajustes en dicha asignación, con su consecuente determinación de rotación de asignaturas.

Lo anterior lleva a que se analicen casos especiales, para tomar determinaciones sobre posibles ajustes o cambios en las asignaciones académicas. El problema se origina cuando por temor a herir susceptibilidades o "ganarse enemistades", el compromiso frente a la institución pasa a un segundo plano y es reemplazado por la improvisación. El conflicto surge, entonces, entre quienes dan prioridad a su compromiso con los principios de una institución educativa, y quienes dejan que la emotividad desplace a la academia.

Solucionar este conflicto no es tarea fácil, por cuanto muchas veces los intereses personales suelen tener bastante peso en algunas decisiones del ámbito escolar y el sentido profesional que demarca compromisos con la tarea educativa se diluye fácilmente en medio de una crisis.

Sólo una seria reflexión sobre la naturaleza y elementos de este conflicto y sus repercusiones en la institución, podrá abrir caminos hacia su solución.

Hemos visto cómo los diferentes tipos de comunicación, el manejo del poder, la formulación de criterios y la asunción de un compromiso, son cuatro de las categorías bajo las cuales se pueden agrupar muchos de los conflictos que surgen en las instituciones educativas. Esto no significa, por supuesto, que los conflictos se rotulen o encasillen sólo en estos cuatro grupos. Por supuesto, existen muchos otros orígenes, además de que también se hace necesario recalcar que un conflicto en cuyas causas parece prevalecer el abuso del poder, puede estar relacionado también con otro tipo de motivos, como dificultades de comunicación, falta de criterio en la toma de decisiones o ausencia de compromiso con el progreso de la institución.

Lo anterior permite concluir que, en la solución de los conflictos, debe atenderse siempre al carácter mixto que éstos suelen tener, buscando el fondo de sus orígenes y no quedándose simplemente en la parte superficial de sus síntomas o en sus manifestaciones externas.

MITO Y REALIDAD DEL CONFLICTO

Con la pretensión de dar una nueva mirada al tema de los conflictos en la institución educativa, en este apartado se busca conciliar algunas de las posiciones del pensamiento mágico y el pensamiento lógico. Para ello se parte de la premisa de Ernesto Sábato en su libro *Antes del fin,* sobre la escisión de estos dos pensamientos que conduce a que el hombre quede "exiliado de su unidad primigenia", quebrándose "para siempre la armonía entre el hombre consigo mismo y con el cosmos".

Aparte de Sábato, se cita también a Jerome Bruner quien, "sin pretender infravalorar la importancia del pensamiento lógico-científico", presenta "la narración como forma de pensamiento y como vehículo para la creación de significado", y señala cómo "solamente en una modalidad narrativa puede uno construir una identidad y encontrar un lugar en la cultura propia"[6].

Lo anterior se concibe en el marco de proponer una imagen simbólica, para aplicar la premisa fundamental que hace referencia a la búsqueda de soluciones a los conflictos, empezando a pensar en términos del *no conflicto.*

En este sentido, en forma sintética se presentan siete mitos de diferentes culturas del mundo[7]. Luego de una aproximación a su interpretación, se llevan a cabo algunas inferencias que se traducen en principios para tener en cuenta en la prevención de conflictos en las instituciones educativas o, en caso de que ya

---

6. BRUNER, Op. cit., p. 58, 62.

7. *Mitologías* (1982). Barcelona. Planeta. Vol. 1-4.

exista el conflicto, adentrarse en su estudio juicioso con miras a manejarlo y plantear alternativas para su solución.

Visnú o el conocimiento del mundo y de sí mismo (mitología hindú)

Visnú es el Absoluto, conservador y protector de los mundos. Desde su ombligo "se eleva, en el extremo de un largo tallo que hace ondular Vayu, la fuerza vital, una flor de loto rosa en que está sentado el primer aspecto de lo Divino que va a desempeñar un papel concreto". Se trata del Brahma o Creador, quien sostiene en cada uno de sus cuatro brazos un libro, cuyo contenido es recitado por cada una de sus cuatro bocas. Son los Vedas, esto es, las leyes eternas, que no bastan al Creador, porque "es preciso que él comprenda el origen y el objetivo, así como su propia razón de ser. ¿Quién soy yo?, pregunta sentado sobre este loto. ¿De dónde viene este loto que crece solitario sobre las aguas? ¿Quizás hay debajo de él algo que lo sostiene?".

El anterior mito revela cómo mirarse hacia adentro es una forma de encontrar la verdad. Esta exploración de sí mismo sacará a flote lo que es realmente importante, ya que el mundo que aparece ante nuestros ojos es apenas una manifestación superficial, pero no representa la verdadera esencia de las cosas.

Trasladada esta visión mítica a la situación que nos ocupa en relación con el conflicto, se puede decir que ante su presencia, no debe bastar la mirada superficial, sino que hay que llegar al fondo del mismo, no sin antes escudriñar en las motivaciones que movieron a las personas a manifestar las actitudes generadoras del conflicto, sus diversas reacciones, las explicaciones que han presentado para justificarse o argumentar su posición y otra serie de variables que aunque no salen a flote, pueden en un momento crucial ser determinantes en la solución del conflicto, si se detectan y tratan a tiempo, o en su empeoramiento, si no se atiende a su pronto análisis.

Veamos un caso concreto, para abordar mejor este primer principio sobre la mirada a fondo de cada conflicto institucional, esto es, su plena comprensión:

En una institución se presenta el caso de un niño de 13 años que duerme durante la mayoría de las clases, no hace las tareas, manifiesta desgano ante todo tipo de actividad académica y, aparte de lo anterior, no da ninguna explicación sobre sus incumplimientos. Se genera un conflicto entre los maestros, que presionan al niño para que responda, según los parámetros de cumplimiento que ellos han establecido, y el niño, quien aparentemente permanece apático frente al problema.

Los maestros que le dictan clase y su director de grupo han recomendado como única solución que se le retire de la institución, porque da mal ejemplo a los otros niños, aparte de que está perdiendo el tiempo. Según ellos, como maestros ya han hecho todo lo posible porque el estudiante entre en razón y asuma sus responsabilidades, pero no lo han logrado. Luego, deducen, no tiene interés y debe dejarle el cupo a otro niño que lo aproveche verdaderamente.

Antes de tomar alguna decisión, el rector y los miembros del Consejo Directivo de la institución orientan a la trabajadora social para que indague sobre la situación familiar del niño. Una vez adelantados los trámites de esta indagación por parte de la trabajadora social, se descubre que el niño, al terminar sus clases, a medio día, se dirige a su casa a tomar algún alimento y luego, se va para el "trabajo".

Hasta aquí, la situación luce como algo normal[8] y todo parece indicar que no hay motivos para que se presenten comportamientos irregulares del estudiante en la institución. Por ello, los maestros se mantienen en su recomendación, para que el niño sea retirado por las directivas o por sus padres, ya que argumentan que no se trata del único caso en que un niño mal nutrido debe repartir su tiempo entre el estudio y el trabajo. Agregan, además, que otros niños en las mismas circunstancias "rinden" en el estudio y demuestran responsabilidad.

Se ha olvidado en este caso llegar al fondo del conflicto. Una sencilla pregunta podría dar luces para ello: ¿En qué consiste el trabajo del niño?

Responde la trabajadora social: Después del medio día y hasta la madrugada, el niño permanece en una funeraria, ayudando a embalsamar cadáveres.

La inesperada respuesta de la trabajadora social contiene las otras respuestas a los interrogantes sobre la somnolencia permanente del niño, su descuido para hacer las tareas y su retraimiento, estas últimas, apenas manifestaciones externas y superficiales del verdadero conflicto, en las cuales no se profundizó por parte de los maestros, por cierta ligereza, y por el hecho de no considerar en el procedimiento de estudio de la situación, el principio del análisis de las motivaciones internas, la esencia real del conflicto y su verdad implícita.

---

8. En algunos países, incluido Colombia, inexplicablemente, es casi un hecho corriente que los menores de edad trabajen, aún en condiciones infrahumanas.

Parodiando el mito hindú, la presencia de la flor del loto sobre la superficie, se justifica, obviamente, por la existencia del agua, aunque paradójicamente hay quienes suelen decir que debajo de esta flor, no hay nada que la sostenga.

COATLICUE, VIDA Y MUERTE (MITOLOGÍA AZTECA)

Coatlicue, llamada "la de la falda de serpientes", era una mujer que vivía en la sierra de Coatepec, con sus hijos, los "cuatrocientos meridionales", llamados los Centzon Huitznahua, y su hija Coyolxauhqui.

Un día, mientras Coatlicue hacía penitencia en un barranco, guardó en su seno una bola de plumas y quedó encinta. Al considerar este embarazo como una vergüenza, Coyolxauhqui indujo a sus hermanos a dar muerte a su madre. El niño en su vientre la tranquilizó "y cuando llegaron los guerreros, Huitzilopochtli salió completamente armado del vientre materno, y mató a su hermana y luego a sus hermanos, a pesar de sus súplicas".

"Así Huitzilopochtli, dios tribal de los aztecas, comenzó su vida con una matanza, y ese signo sangriento marca la historia de su pueblo".

El mito azteca de Coatlicue revela en su contenido la premonición de las constantes luchas que sostuvieron los aztecas contra sus antepasados, "hermanos mayores", instalados en las mesetas del centro de México. Comenzar su vida con una matanza, es el símbolo que en Huitzilopochtli marca las señales de violencia: enfrentamientos, sangre y muerte.

Esta visión mítica se emparenta directamente con el conflicto institucional, si nos detenemos a pensar que la violencia genera más violencia. Todo producto que se obtenga en la institución como consecuencia de acciones violentas, por lo general, a la larga, ocasionará problemas que pueden llegar a revestir la gravedad de un conflicto.

Las acciones violentas en una institución, por supuesto, no hacen necesariamente referencia a las reacciones sanguinarias del mito azteca, pero sí se relacionan directamente con ciertos comportamientos de presión en los cuales se manejan dicotomías, como por ejemplo, la del sabio (maestro) frente a los ignorantes (estudiantes), para reforzar la tendencia del que enseña, coaccionando al que aprende; la del juez (miembros de las comisiones de evaluación y promoción) frente al juzgado (estudiantes), para no dejar ninguna duda de quien es el que impone y quien el que se somete.

Citemos un caso para ilustrar este segundo principio, del origen de la violencia en la violencia misma:

En una experiencia pedagógica fue programada la visita de un grupo de directivos y maestros a una institución que alberga niños que han escapado de sus casas y son acogidos para desempeñar algunos trabajos y enseñarles a vivir en comunidad.

La visita se planeó en varias estaciones, considerando que la filosofía de la institución-albergue incluye diversos pasos en sus programas: Los niños y adolescentes voluntariamente ingresan a una casa del centro de la ciudad, adonde encuentran refugio, alimentación y vestido por el tiempo que ellos quieran. Pueden entrar o salir cuando lo deseen. Quien permanece allí con cierto grado de estabilidad, pasa a otro estadio, en otra casa, para empezar a integrarse a diferentes grupos y, de ahí en adelante, sigue su tránsito por diferentes sitios hasta lograr su total recuperación.

En la primera casa los niños vienen directamente de la calle. La mayoría de ellos están en verdaderas condiciones de indigencia y, por lo general, son consumidores de algún tipo de droga; algunos de ellos ya han delinquido y todavía les cuesta adaptarse al nuevo medio. No son pocos los que prefieren continuar en la calle y desertan rápidamente.

Cuando la visita pedagógica programada llegó a esta primera estación, los directivos y los maestros hicieron muchas preguntas a los niños que encontraron en esta casa. La gran mayoría dijo haber sufrido malos tratos por parte de alguno de sus padres y por ello huyeron de la casa. Otros fueron abandonados. Un niño contestó que él estaba en la calle desde el día en que "perdió" el año escolar. Se le preguntó por qué había escogido este camino y respondió: "Como me echaron del colegio, mi mamá también me echó de la casa".

En este caso particular, perder el año académico, se convirtió en perder la vida completa, como consecuencia de una decisión en una institución y en un hogar: Un menor de edad, excluido del sistema educativo, arrojado a la calle por sus padres, robando para conseguir el pan de cada día y aprendiendo de algunos adultos delincuentes el oficio de sobrevivir en una ciudad hostil.

Nos preguntamos si en la decisión de "sancionar" al niño expulsándolo de la institución educativa por la pérdida del año escolar, hubo igual o más violencia que en la actitud de la familia cerrándole las puertas de la casa como forma de rechazo ante el fracaso escolar. Es decir, desde una forma de violencia en la escuela, se generó más violencia en el hogar, y a su vez, se inició la otra cadena de la violencia de "los niños de la calle". Todo esto, enmarcado en "procedimientos y tratamientos en la línea correctiva y punitiva" y no en la "línea formativa, constructiva y preventiva"[9].

¿Cuántos de los niños que hoy nos estiran la mano en un andén, pidiendo una limosna, fueron sacados violentamente de la escuela ayer, y señalados por un maestro y por unos padres como incapaces?

Volviendo al mito azteca, podemos concluir que comenzar la vida con violencia, puede marcar un destino sangriento.

Osiris, la venganza que se hereda (mitología egipcia)

Osiris recibió poderes de su padre, el dios Gebeb. Basado en estos poderes, inauguró su reino, con el fin de hacer bien a la humanidad y compartir los conocimientos de la agricultura y de las artes. Su hermano Seth, celoso ante su éxito, empezó a planear su muerte.

Aprovechó la ocasión en un festín y encerró en un cofre a Osiris, arrojándolo al río. Al enterarse Isis, del destino de su esposo Osiris, emprendió su búsqueda hasta hallarle cerca a Biblos, en Fenicia. Regresó con su marido a Egipto y Seth nuevamente se apoderó del cuerpo de su hermano y lo partió en catorce pedazos que dispersó por todo el país. Recuperadas las partes

---

9. MARROQUÍN FIERRO, Rafael: "El conflicto escolar a la luz de los derechos humanos". En: *Jóvenes derechos. Puertas abiertas a la participación juvenil.* Serie de documentos 2. Oficina para la defensa de los jóvenes. Bogotá D.C. (diciembre de 1998); p. 12.

del cuerpo de Osiris, Isis formó con ellas la primera momia, ayudada por algunas divinidades.

Transcurrido un tiempo después de la muerte de su esposo, Isis dio a luz a Horus, quien fue criado en secreto para ponerlo a salvo de las maldades de su tío Seth. Cuando el niño se hizo adulto, se dispuso a vengar la muerte de su padre. Fue así como entró en un cruento combate con Seth, quien le arrancó un ojo.

Intervino Tot y curó de las heridas a los adversarios. Entonces, citaron ante un tribunal al tío y al sobrino, con el ánimo de poner fin a la lucha. El tribunal halló la razón a Horus y ordenó a Seth devolverle el ojo. Horus, a su vez, entregó el ojo a su padre Osiris, quien le transmitió sus poderes terrestres, para retirarse por fin al reino de los Bienaventurados.

El mito de Osiris "explica la continuidad de la institución monárquica", así como la dualidad muerte - resurrección y la momificación como forma de superar el tiempo, eternizándose.

Esta perspectiva mítica de la eternidad y de la herencia monárquica, puede trasladarse al caso de los conflictos en la institución educativa, si se piensa en las situaciones problemáticas que se transmiten "de generación en generación" como una constante que no tiene fin. Se ven, de esta manera, sobre todo en algunas instituciones del sector rural, actitudes de los maestros —muchas veces avaladas por los mismos padres— que replican lo que estos mismos maestros vivieron en su infancia: gritos y golpes a los niños, desprecio por la profesión docente manifestado en apatía o resentimiento frente a los estudiantes, transmisión de conocimientos empleando una metodología y unos recursos obsoletos, todo lo cual es germen de conflicto en la institución educativa.

Para mostrar en un caso concreto este tercer principio de la herencia que muchas veces lleva a eternizar comportamientos y vicios, se puede citar el siguiente ejemplo:

Una maestra rural expresa con gran naturalidad que le pega a los estudiantes porque así "aprendió" ella y porque además los padres la autorizan para esto, aduciendo que si no se es duro con los niños, jamás se formarán como personas "de bien".

No nos queda la menor duda de que algunos de estos niños, ya adultos, maltratarán a sus hijos y si llegan a ser maestros, otro tanto harán con sus estudiantes, no sabemos si por imitación, tradición o herencia, o por venganza, como Horus en el mito egipcio.

Ojalá, también como en el mito, en este tipo de instituciones educativas y de familias, exista un tribunal que termine de una vez por todas con estas injusticias.

Rómulo y Remo o el cambio de un designio (mitología romana)

El dios Marte seduce a una bella princesa que se encuentra en cautiverio por decisión de su tío, quien ha usurpado el poder y no desea que haya herederos por parte de su sobrina, que lo destronen.

Cuando el malvado se entera que su sobrina ha dado a luz gemelos, ordena a unos pastores que los abandone en el campo, seguro de que las inclemencias del tiempo o los animales darán buena cuenta de sus vidas.

Los niños quedan en una cesta en las aguas del Tíber y la barca en que se transportan encalla al pie del Palatino. Una loba, animal sagrado del dios Marte, se acerca a los niños para calentarlos y alimentarles con su leche.

Un pastor que pasa por el lugar los encuentra bellos y robustos y se los lleva a su mujer, quien los adopta. Cuando los niños crecen, destronan al tío usurpador, vengan a su madre y con algunos voluntarios fundan la ciudad de Roma en el mismo lugar donde transcurrió su infancia.

El mito de Rómulo y Remo refleja en su invención no sólo la misión para la cual nacieron los dos personajes y que habría de ser cumplida pese a los obstáculos, sino también la ruptura de un designio.

Esta visión legendaria bien puede servir de marco para el tema de los conflictos en la institución educativa, si tomamos situaciones concretas en las cuales se advierte cómo algunos estudiantes entran en conflicto al ser rotulados por directivos o maestros, hasta el punto de hacerles creer que han sido negados para determinadas competencias o habilidades.

Para ratificar el principio de la construcción de un camino hacia una misión seleccionada y la ruptura de los malos designios que se convierten en el mayor obstáculo para el logro de esa misión, se puede citar un caso como ejemplo:

Un maestro de música informa que un estudiante de su clase ha perdido la materia, en lo que tiene que ver con la interpretación de la flauta. La Coordinadora Académica, confiando en el criterio del maestro, acepta su versión, pero no entiende por qué el maestro insiste en que el estudiante está negado para la música y no tiene ningún porvenir en este campo artístico.

Pasado un tiempo, en vista de que el estudiante está abocado a repetir el año por su inhabilidad para tocar la flauta, la coordinadora académica lo busca para hablar directamente con él y encontrar una salida al problema, que también es tratado en el Consejo Académico de la institución, cuyos miembros respaldan el concepto del maestro de música.

Luego de realizado todo este proceso, la coordinadora académica invita al estudiante a una sesión del Consejo Académico y, al verlo, en sólo un segundo, sus integrantes cambian la decisión tomada después de varias semanas de deliberación, cuando descubren por qué el joven tiene bastante dificultad para tocar la flauta, pero sí podrá interpretar otro instrumento: El estudiante tiene labio leporino. Detalle que el maestro de música inexplicablemente pasó por alto, ocasionando de paso un conflicto y una humillación que se hubieran podido evitar.

¡Cuántas Romas se han dejado de fundar por causa de esas "etiquetas" que como designios malévolos, algunos maestros ponen a sus alumnos, deteniendo así su desarrollo y conduciéndolos al fracaso y a la frustración!

THOR, EN LA LUCHA POR LA VIDA (MITOLOGÍA GERMÁNICA)

Thor, el hijo de Odín, dios de los magos y poseedor de todos los secretos, era un guerrero, "el mejor de los combatientes, gran exterminador de gigantes, el más temible de los hombres de armas, aquel cuyos golpes son mortales con seguridad".

El poder de Thor radicaba en su martillo, gracias al cual pudo vencer a los más temibles adversarios y mantuvo atemorizados a los demonios maléficos, los monstruos de Midgard y a la fabulosa serpiente.

Siendo aún joven, Thor decidió atacar "al monstruo de los mares, cuyos anillos innumerables rodean las tierras y sacuden los océanos con tempestades homicidas". Se dirigió a un país poblado de gigantes, donde decidió partir de pesca con Hymir. Para utilizarla como cebo, cortó la cabeza de uno de los toros del pescador. Entonces, se enrumbó hacia alta mar, mucho más lejos del sitio donde el gigante Hymir acostumbraba pescar.

Thor preparó el sedal y la serpiente del Midgard se lanzó sobre el cebo. Thor y la serpiente lucharon arduamente, hasta el punto de que los pies del guerrero atravesaron el fondo de la barca. El guerrero fulminó a la serpiente con sus miradas chispeantes y ésta, a su vez, le escupió su veneno.

Hymir sintió miedo y aprovechando que Thor no lo observaba, tomó su cuchillo y cortó el sedal. "La serpiente, liberada, volvió a caer a las aguas y desapareció tan de prisa que en vano trató Thor de lanzarle el martillo".

El mito de Thor revela la constante lucha por la vida, el enigma de sobrevivir en el ser que batalla contra sus adversarios, hasta la contienda final, según la visión legendaria, cuando todos los gigantes y todos los monstruos se lancen al asalto de los dioses: Luchar, sobrevivir, matar y morir. No sólo es el mito del valor y la fuerza del guerrero, sino de la intermediación para ayudarle a resistir y salir avante.

Esta visión mítica puede ser proyectada al tratamiento del conflicto en las instituciones educativas, contando con que el quehacer diario demanda grandes "luchas" que no se pueden emprender de manera individual. El apoyo de otros, la comunicación constante y la unificación de criterios, son los baluartes que permiten la apertura hacia la solución de conflictos institucionales.

Para ilustrar el quinto principio, relacionado con la persistencia y la sabia intermediación, como apoyo en los momentos de crisis, se cita el siguiente caso, como ejemplo:

En una institución se ha presentado un conflicto entre dos maestros del área tecnológica y el rector. El motivo del conflicto radica, al parecer, en el hecho de que los maestros se niegan a aceptar una asignación académica en ética, argumentando que su especialidad es el dibujo técnico y el diseño industrial, asignaturas que han dictado por varios años en la institución.

Durante un Consejo Académico, se expusieron los motivos de las dos partes en conflicto, para empezar a buscar las verdaderas causas de dicho conflicto.

El rector basó en dos motivos su decisión de asignar horas de clase en el área de ética: de una parte, por baja en la matrícula de estudiantes, no hay suficientes horas en las áreas de dibujo técnico y diseño industrial, como para que cada uno de los maestros tenga las horas que corresponden a un tiempo completo; en segundo lugar, la ética es una asignatura que cualquier maestro debe estar en capacidad de dictar, por la condición misma de ser formador de niños y adolescentes.

Los dos maestros expresaron que se negaban a recibir asignación académica en ética, porque su especialidad no era esa, sino el dibujo técnico y el diseño industrial y que, además, la Ley General de Educación era taxativa en este asunto, al señalar que cada docente sólo podía dictar clases en el área de su especialidad.

Durante el debate que se dio en el Consejo Académico ampliado, salieron a flote dos temas que sirvieron como coyuntura para dilucidar el problema. El primer tema se refería a la intencionalidad establecida en el PEI de enfatizar la formación de los estudiantes con orientaciones técnicas. El segundo tema, que fue propuesto por otro maestro diferente a los dos vinculados directamente al conflicto, se relacionaba con la posibilidad de tomar la asignatura de ética en los mismos grados en que dictaban clase los dos maestros del área tecnológica, como un refuerzo a la formación de los estudiantes en valores.

Se observaron contradicciones entre el rector y los maestros cuando tocaron el punto relacionado con el énfasis del PEI, ya que unos hablaban de los aspectos técnicos, otros de la tendencia empresarial y otros de la formación de microempresas. Fácilmente se pudo detectar que sólo había buenas intenciones, pero el proyecto apenas estaba insinuado, por lo cual se pensó en buscar una solución al conflicto, articulando los dos problemas: el de las contradicciones con respecto al énfasis del PEI y el de la asignación académica en el área de ética.

En este sentido, surgió la siguiente alternativa: Por el hecho de estar la institución en proceso de transición de la educación básica y media centrada en lo "clásico - académico", hacia la educación tecnológica, debía aprovecharse este momento para empezar a formular la nueva filosofía institucional, con base en la posibilidad de una educación técnica empresarial, pensando en la formación de los estudiantes hacia el trabajo, para lo cual sería de gran utilidad incluir en los programas de cada asignatura del área de tecnológicas, no sólo los temas específicos del saber tecnológico, sino también todo lo relacionado con la ética frente al trabajo y los valores en el desempeño empresarial.

Lo anterior, exigía, por supuesto, que se hiciera extensivo este criterio a todas las áreas, para que la totalidad de los maestros empezaran a pensar en un currículo innovador que articulara en los planes y programas temas específicos de cada área y temas sobre la ética en el desempeño laboral concreto.

Esto implicó que todos los maestros iniciaran su proceso de preparación para dictar la ética, no como una asignatura más, ni como pretexto para completar su asignación académica, sino ubicándola en el marco de la actitud responsable y eficiente, como preparación del futuro laboral de los estudiantes.

El maestro que propuso la idea, actuó como Hymir el gigante del mito, cortando el sedal, para que el barco de la institución no se hundiera por efecto de las turbulencias provocadas por el conflicto: Una intervención -mediación- sabia, decidida y oportuna.

Las sabinas y los intereses comunes (mitología romana)

Los compañeros de Rómulo, luego de haber fundado Roma, se sintieron solos, al no contar con esposas o compañeras. Los campesinos de la región no querían darles a sus hijas en matrimonio.

Ante esta situación, Rómulo organizó una carrera de caballos, a la cual invitó a los habitantes de los pueblos cercanos a Roma, para tenerlos entretenidos mientras los jóvenes romanos raptaban a sus hijas, la mayoría de ellas habitantes de la Sabina, donde reinaba Tacio.

Precisamente al rey Tacio fueron a quejarse los sabinos padres de las jóvenes raptadas. El rey reaccionó presentándose a Roma y entablando una gran batalla.

En medio de los combates, las sabinas, ya contentas con sus maridos, pidieron fin a la contienda porque no querían quedarse viudas o huérfanas, ante lo cual, romanos y sabinos hicieron las paces.

El mito se relaciona con el enfrentamiento y la conciliación de dos grupos de diferente naturaleza: Guerreros y agricultores, unidos finalmente en la formación de un solo pueblo, a raíz de un interés común, simbolizado en las sabinas.

He aquí el punto básico del principio de la solución de conflicto, basado en la conciliación que tiene como fuente los intereses comunes. Para ilustrar este aspecto, se remite al siguiente caso:

En una institución se ha presentado el problema de varios estudiantes que consumen droga. Cuando son llamados los padres de familia para enterarlos de los hechos, entre ellos se recriminan mutuamente, cada quien pretendiendo evadir la responsabilidad de su propio hijo en su adicción y buscando la culpabilidad en el compañero de curso como "mal ejemplo" o motivador de la conducta del otro.

Finalmente, los mismos padres caen en la cuenta de que la solución del conflicto no está en saber quién indujo a quién, sino en buscar alternativas comunes para que el problema no se extienda más en la institución y para que sus hijos empiecen a recibir el tratamiento clínico adecuado, a fin de poder continuar normalmente sus actividades académicas.

El interés común, además de la recuperación de los estudiantes, es la institución, porque allí se espera que los jóvenes sigan estudiando. De este acuerdo empiezan a surgir alternativas de manejo del conflicto.

Volviendo al mito, se puede afirmar que ya surgido el conflicto, más vale abrirle camino a su solución, para lo cual una buena medida es la de la búsqueda de la conciliación, desde la consideración de los intereses comunes.

Perséfone hija de Zeus y Deméter, fue raptada por su tío Hades, quien se enamoró de ella y decidió llevársela a los Infiernos.

Deméter emprendió la búsqueda de su hija, viajando por todo el mundo, sin descanso, sin tomar alimento y sin bañarse. En vista de no obtener resultado alguno, decidió "abstenerse de toda actividad, sin bendecir más las cosechas; en suma, hiere de esterilidad a la tierra entera, hasta que le hayan devuelto a su hija".

Ante esta situación de abandono de la tierra y sequía, Zeus ordenó a Hades que le devolviera la hija a Deméter, pero él le respondió que esto no era posible porque Perséfone no podía ya salir del Infierno debido a que había ingerido allí alimentos, violando de esta manera una regla.

Deméter siguió insistiendo en reclamar a su hija y, finalmente, se llegó a un acuerdo: "Deméter reanudaría su actividad nutricia y Perséfone no viviría en los Infiernos más que la mitad del año. Con el retorno de la primavera, dejaría a su marido y volvería junto a su madre. Y por eso, durante el invierno, mientras Perséfone está separada de Deméter, el campo sigue estéril".

Esta visión mítica hace referencia al dolor humano ante la muerte o la desaparición de un ser querido. La simbología se centra en la ausencia, relacionada con la esterilidad de la tierra, y la vida o presencia, con su fertilidad.

Al trasladar estas ideas al tema del conflicto en las instituciones educativas, un caso concreto muestra la forma de aplicar el principio del acuerdo, para equilibrar posiciones frente a las pérdidas/ganancias, en el proceso de solución del conflicto. Veamos:

En una institución educativa se ha presentado el problema de un enfrentamiento entre algunos miembros de la Junta Directiva de la Asociación de Padres de Familia y el rector.

Los primeros alegan que la elección de la junta estuvo viciada, porque el rector intervino presentando algunos candidatos como indeseables por algunos antecedentes de supuestos malos manejos de fondos en las cuentas bancarias. Por su parte, los padres de familia alegan no ser responsables de ningún desfalco y reclaman su derecho a participar directamente en la junta directiva.

El rector, al ser acusado ante las autoridades por interferencia indebida en el proceso de elección de los padres de familia ante la Junta Directiva de la institución, se mantiene en su posición y decide desconocer la orden de repetir el proceso de elección. Finalmente, ante las presiones de los quejosos y la orden de su superior inmediato, el rector entiende que debe propiciar una nueva reunión de todos los miembros de la Asociación de Padres de la institución y son ellos quienes deciden cómo se ha de asumir la solución del conflicto.

En este caso, la solución al problema no radica, según se ve, en adoptar medidas unilaterales, sino en conciliar, llegar a acuerdos y buscar la mejor salida, sabiendo de antemano que las partes en conflicto deben ceder, estableciendo un equilibrio que finalmente conducirá a que se gane y se pierda, hablando en el terreno personal, pero se logren muchos beneficios para la institución.

Se ha visto en este apartado cómo existen algunos principios que se deben tener en cuenta al enfrentar los conflictos en la institución educativa:

- Analizar a fondo los hechos y comprender la naturaleza del conflicto, superando el nivel de la mirada superficial.

- Evitar el manejo del conflicto, empleando la violencia, ya que así se generará más violencia.

- Detectar a tiempo, para erradicarlos de raíz, los conflictos que se adoptan o se heredan.

- Dejar de lado los malos augurios o designios que muchas veces agravan el conflicto e impiden el desarrollo personal y el logro de las metas.

- Estar atentos para intervenir en el manejo de un conflicto, si es preciso en forma personal, o saber captar y aplicar las sugerencias razonables de quien oportuna y acertadamente actúa como mediador.

- Buscar la conciliación, partiendo de los intereses comunes.

- Llegar a acuerdos, sobre la base de los derechos y los deberes y teniendo en cuenta que, por lo general, las partes en conflicto no sólo obtienen ganancias, sino que también "pierden", porque tienen que ceder, haciendo concesiones.

A su vez, en este apartado se han logrado conjugar dos pensamientos: el mágico y el lógico, y se ha utilizado la narración que encierran los mitos, para crear significados. Esto, sobre la base de tomar como pretextos siete casos de conflicto en instituciones educativas para mostrar, de manera simbólica, el logro de la conciliación y la armonía como metas iniciales en el proceso de solución de conflictos.

Se habla de metas iniciales, en tanto la solución de conflicto va mucho más allá, hacia el verdadero cambio, que implica asumir actitudes diferentes, reestructuración de procesos, modificación definitiva de comportamientos y vuelco total en algunas concepciones erradas sobre hechos y fenómenos en la institución educativa.

También es importante recalcar cómo de muchas situaciones de conflicto surgen cosas positivas, hecho que permite concluir que el conflicto no debe ser mirado con recelo o considerado como algo definitivamente indeseable. Esta idea se ilustrará con un caso concreto en el siguiente apartado.

El conflicto, "necesario y fructífero"

En este apartado se verá la otra cara del conflicto, esto es, la ventaja de aprovechar su aparición para hacer un manejo apropiado de él y conseguir, de esta manera, el enriquecimiento de procesos en el interior de la institución educativa, la apertura de espacios de análisis y de diálogo entre las personas, y la la detección de situaciones problemáticas indirectamente relacionadas con el conflicto, pero que, de no haberse presentado éste, quizás hubieran permanecido ocultas.

El caso es el siguiente: Un padre de familia presenta una queja ante la oficina de supervisión de educación de una localidad, manifestando su inconformidad frente al hecho de que a su hijo no lo han matriculado en grado 8°, como era lo debido, en razón de que perdió un logro en el área de Inglés. El padre de familia argumenta que su hijo ya terminó el grado 7° y, según las normas legales vigentes, tiene derecho a recuperar el logro, para lo cual cuenta con un año, y debe ser matriculado en el grado siguiente, esto es, en 8°. Aparte de lo anterior, el padre de familia informa que su hijo "perdió el tercer bimestre" en Inglés y que en las dos semanas de recuperación no se entregaron informes que permitieran apreciar el avance en el estudiante.

El supervisor de educación que tiene a su cargo el caso, según criterios previamente establecidos por el cuerpo técnico de supervisores de la localidad donde trabaja, envía a la institución un formato que tiene como fin abrir un espacio para que, en forma autónoma, los órganos del gobierno escolar se orienten en la solución de los conflictos, siguiendo un derrotero. El formato está encabezado por una parte que solicita información general (nombres y apellidos de la persona que presenta la queja y fecha y número de radicación del oficio firmado por dicha persona, nombre de la institución e instancia que trata el caso: Consejo Directivo o Académico, comisión de evaluación y promoción, otra). Luego, el formato propone seis puntos para ser desarrollados:

- Descripción de la petición, queja o denuncia.

- Acciones adelantadas en la institución.

- Análisis de la queja por la instancia correspondiente.

- Explicación de la forma como participa el peticionario o denunciante y los estudiantes involucrados.

- Criterios de manejo del conflicto o problema.

- Alternativas de solución y conclusiones.

Luego de dejar una casilla para observaciones y sugerencias, el formato se debe firmar por todos los miembros de la institución que participaron en el proceso de solución del problema, anotando el cargo que ocupan en un órgano del gobierno escolar específico.

El caso en mención fue tratado por el Consejo Académico de la institución, cuyos miembros determinaron tres criterios como base para la solución del conflicto: "La promoción automática no está contemplada en el decreto 1860. Se ratifica la aplicación del manual de convivencia vigente en la institución. Se decide actuar imparcialmente, con justicia y de forma equitativa para las partes".

Luego, el mismo Consejo Académico propone al padre y al estudiante tres alternativas de solución:

1. Que el estudiante curse nuevamente el grado 7° para el cual se matriculó.

2. Que asista únicamente a las clases de Inglés de grado 7° hasta que alcance los logros del área y luego ser promovido al grado 8°.

3. Que el estudiante se prepare adecuadamente y, bajo su propia responsabilidad y la de sus padres, cuando lo crea conveniente, se presente a la institución para que le programen la respectiva evaluación. Una vez superados los logros, la institución procederá a promoverlo al grado 8°.

En el mismo formato se anota que "el padre de familia y el alumno, una vez analizadas las tres alternativas propuestas y de común acuerdo entre ellos, aceptan bajo su propia responsabilidad la tercera propuesta, tal y como fue presentada".

Hasta aquí, al parecer, ha habido conciliación y supuestamente se han cumplido los tres criterios establecidos por el Consejo Académico para tratar el caso. Sin embargo, surgen algunos interrogantes para el supervisor de educación que media en el conflicto, al contrastar el proceso seguido por el Consejo Académico con el texto de algunas normas legales y analizar algunos aspectos pedagógicos relacionados con el tipo de formulación de indicadores de logros que hace la maestra de Inglés.

En cuanto a los aspectos legales, se encontró lo siguiente:

- El Consejo Académico decide que el estudiante será aceptado para repetir el año (grado 7°)" y presenta una alternativa "bajo la responsabilidad de los padres de familia y el alumno...". Estas decisiones reflejan que los miembros del Consejo Académico y, particularmente la comisión de evaluación y promoción, se han basado en conceptos errados que se manejan en materia de evaluación, y contravienen normas legales, particularmente aquellas que tienen que ver con el derecho a la educación en Colombia y con procedimientos de evaluación y promoción de estudiantes.

En cuanto a los aspectos pedagógicos, se encontró lo siguiente:

- La maestra de Inglés ha escrito en el informe de evaluación que durante los dos primeros períodos del año el estudiante "cumple a cabalidad con sus compromisos académicos y colabora eficazmente con los trabajos grupales". En el tercer y cuarto período, "asume con responsabilidad y participa activamente en la ejecución de sus compromisos" y "demuestra cumplimiento y calidad en el desarrollo de sus trabajos". A pesar de lo anterior, la maestra ha concluido que el estudiante tiene rendimiento insuficiente en el área de Inglés. Surge, entonces, el siguiente interrogante: ¿Por qué "cumplir a cabalidad, asumir responsabilidad, participar activamente en la ejecución de sus compromisos y demostrar calidad en el desarrollo del trabajo", durante todo un año académico, son factores relacionados por la maestra de Inglés, con la insuficiencia y no con la suficiencia?

- La maestra de Inglés, en el tercer período académico, evalúa de la siguiente manera al estudiante: "Aplica las estructuras anteriores a través de la representación de una fábula o historia en la búsqueda de una pronunciación". Las estructuras "anteriores", según el informe son: presente simple y progresivo; presente y pasado simple mediante la construcción de oraciones en sus tres formas; futuro simple en forma oral y escrita. A pesar de este logro, en el cuarto período, la maestra escribe que el estudiante "no interioriza actos de comunicación con vocabulario de su entorno en narraciones breves".

Resulta extraño y poco creíble que el estudiante en un período académico maneje la estructura de la fábula y de la historia, en todas sus formas y con todos los tiempos verbales, como señala la maestra, y en menos de dos meses, al período siguiente, ya no "interiorice" actos de comunicación sobre las narraciones breves. Además de tener en cuenta que la fábula y la historia manejadas con suficiencia por el estudiante, son formas de narración (la cual, al parecer, el estudiante no maneja en el cuarto período), se plantea el interrogante de cómo la maestra de Inglés puede detectar grados de "interiorización de actos de comunicación"

Lo anterior, nos permite ver que en este caso los miembros del Consejo Académico que estuvieron al frente del proceso de la solución del conflicto se basaron en criterios errados y desde esta óptica asumieron el caso. Podría decirse, sin temor a equivocarse o exagerar, que hubo –muy posiblemente sin premeditación alguna o mala intención– un simulacro de democracia en el hecho de contar con la presencia casi pasiva del padre y del estudiante en el desarrollo de las acciones, y que éstos, en un momento determinado, se pudieron ver entre la espada y la pared y presionados a escoger la menos lesiva de las tres alternativas propuestas. Estos remedos de diálogo y apertura se asemejan mucho a la idea que encierra aquella irónica afirmación: "La vida sólo tiene sentido gracias a la democracia, pero a la democracia le falta vida"[10].

Ya en manos del supervisor de educación, que en este caso actúa como mediador, el conflicto es objeto de una mirada o lectura diferente, porque se extiende el análisis a la consideración de factores legales y pedagógicos directamente relacionados con decisiones tomadas en la institución educativa.

Es así como se ha orientado a la institución a revisar todos los aspectos contemplados en el *Manual de convivencia* que vayan en contra de lo establecido en las normas legales vigentes, incluidos dentro de estas normas los textos contenidos en los *Documentos de trabajo* sobre el tema de la evaluación, publicados por el Ministerio de Educación Nacional, así como también analizar la forma como se está siguiendo el proceso de evaluación en el área de Inglés, para evitar que se sigan presentando contradicciones e inconsistencias en lo referente a los logros de los estudiantes.

El caso anterior deja abierta una puerta para que en la institución educativa se revisen procesos y decisiones, y se le cambie el rumbo a actitudes de intransigencia o carencia de criterios, con miras a tomar correctivos para situaciones como la descrita. Claramente se advierte cómo las circunstancias que rodean al caso han permitido sacar a flote problemas ocultos, por lo cual, dicho conflicto es considerado, en el marco de la visión de Fernando Savater, como "fructífero y necesario".

---

10. CIORAN, R.M. (1998): *Historia y utopía.* Barcelona. Tusquets, p. 50.

En otras palabras, como afirma Lederach, el conflicto ha sido "asumido y enfrentado adecuadamente", tendiendo a "regularlo y encauzarlo hacia resultados positivos"[11].

Además, también se puede sacar como conclusión de este ejemplo, que un error de lectura o interpretación de un caso, puede conducir a la frustración de un estudiante, si se tiene en cuenta que se trata de un año académico, es decir, un año de su vida.

Cuatro estudios de caso

Luego de varios análisis llevados a cabo a raíz de las consultas y quejas sobre conflictos en las instituciones educativas, se ha observado que en muchos casos estos conflictos se hubieran podido evitar, con un manejo adecuado de la autonomía, una verdadera participación democrática de todos los estamentos involucrados en el hecho educativo, la apertura de espacios de comunicación y el cumplimiento cabal de las normas legales vigentes.

En estos procesos juega papel importante el rector de la institución, para orientar y liderar las decisiones y garantizar el derecho fundamental a la educación, así como el mejoramiento continuo de la calidad de ésta.

Tanto los miembros de los Consejos Directivo y Académico, como aquellas personas que hacen parte de las Comisiones

11. LEDERACH, Juan Pablo (1990): "Elementos para la resolución de conflictos". En: *Educación y derechos humanos, No 11.* p. 19. Documento fotocopiado.

de Evaluación y Promoción, deben ser conocedores de los criterios filosóficos y pedagógicos del PEI y de las normas y principios que rigen la educación, a su vez que deben traducir este conocimiento en una actitud justa y objetiva, reflejada en las medidas que adopten para bien de la comunidad.

A continuación, se presentan cuatro casos tomados de la vida diaria en las instituciones educativas, que fueron analizados en grupos de estudio, cada uno de los cuales presentó sus conclusiones en plenaria. Luego de la revisión de algunas de estas conclusiones se hicieron las inferencias que se han incluido al final de la presentación de cada uno de los casos. La orientación para el tratamiento de los cuatro casos fue elaborada por la supervisión de educación.

Según Hugo Cerda, el estudio de casos utiliza información cualitativa y cuantitativa, haciendo énfasis en el trabajo empírico, pero con la exigencia de un marco de referencia teórica para "analizar e interpretar los datos recolectados de los casos estudiados". Dice el mismo autor que "como método, el estudio de casos examina y analiza con mucha profundidad la interacción de los factores que producen cambio, crecimiento o desarrollo en los casos seleccionados"[12].

PRIMER CASO: CASO TÍPICO

Sobre este particular, Hugo Cerda se refiere a aquellos casos que representan "la mejor expresión ideal de la categoría". Tipificar vendría a significar el ajuste de "varias cosas semejantes a un tipo o norma común".

---

12. CERDA, Hugo (1991): *Los elementos de la investigación.* Santa Fe de Bogotá D.C. El Búho, p. 85.

El primer caso de este apartado se ha considerado dentro de este grupo. Los cinco componentes para su tratamiento han sido propuestos por Cerda y éste, a su vez, los ha tomado del norteamericano Robert Yin. Se relacionan a continuación estos componentes:

1. Preguntas de estudio y especificaciones.
2. Unidades de análisis.
3. Recolección de informaciones.
4. Lógica que une los datos a las especificaciones.
5. Criterios para interpretar los resultados.

El caso es el siguiente:

En representación de dos estudiantes menores de edad, una madre de familia presenta un derecho de petición a raíz de la "exclusión de dos hijos", como alumnos del Colegio Los Misioneros[13].

La madre de familia, Señora Blanca Hortensia Rivadeneira, se queja de que su hijo Humberto Alejandro (13 años de edad) "fue excluido del plantel" por indisciplina y su hija Carolina Andrea (17 años de edad) que "estaba en grado 11, fue reprobada en tres áreas y por ello excluida del plantel para el siguiente año".

La señora Rivadeneira reconoce que su hijo Humberto fue indisciplinado, pero que aunque el Manual de Convivencia habla de faltas a la disciplina, no aparece la exclusión como sanción. Además, la señora dice que no se le dio a conocer el

____

13. Los nombres de las instituciones y de las personas involucradas en los conflictos han sido cambiados.

fallo del Consejo Directivo de la institución y que además, en un certificado firmado por el rector y la secretaria, al finalizar el año escolar, se escribió que su hijo Humberto Alejandro, había "observado buen comportamiento durante los tres años que llevaba estudiando en el plantel". Finalmente, la madre de familia alega que su hijo jamás fue llamado al Departamento de Orientación del colegio, para seguirle un proceso, ni que ella fue comunicada oportunamente sobre la situación de su hijo, ni tampoco se le citó para ser escuchada, en representación del menor de edad.

Por otro lado, Carolina Andrea perdió Química, Matemáticas y Educación Artística. La Señora Rivadeneira pregunta cómo pudo su hija perder Ciencias Naturales-Química y aprobar Ciencias Naturales-Física. También, la Señora insiste en averiguar por qué a su hija no se le hicieron las evaluaciones de refuerzo y de recuperación de logros. La Señora Rivdeneira se queja de que el Profesor de Matemáticas no devolvió ni una sola "previa" (prueba escrita) durante el año escolar y por lo tanto, los estudiantes no conocieron sus calificaciones.

La supervisión de educación ha visitado la institución y comprobada la veracidad de las quejas presentadas por la señora en mención, ha procedido a ordenar la aplicación de los procesos de recuperación de logros para la alumna de grado 11.

Carolina Andrea se ha quejado de que luego de la directriz impartida por la supervisión, ella ha iniciado un verdadero vía crucis, "persiguiendo a los profesores por los corredores" para que le expliquen cómo va a ser la recuperación de sus logros. Finalmente, se le han dado orientaciones escritas para una asignatura y el rector le ha informado que debe recuperar asignatura por asignatura y que hasta tanto no recuperar cada una por separado, no se le darán las indicaciones para la siguiente. En la institución se determinó, según informe de la estudiante, que los resultados de la primera recuperación se los darán en mayo y así, hasta completar las tres recuperaciones. La alumna cree que con este ritmo de trabajo no podrá ingresar pronto a la universidad, como es su deseo. Aparte de lo anterior, la alumna se ha quejado de que los logros que le han indicado para recuperar no son los mismos que se programaron durante el año que cursó grado 11.

1. *"Preguntas de estudio y especificaciones":* Son una forma de abordar el problema y los objetivos del estudio.

   Para el caso presentado, sobre los jóvenes Humberto Alejandro y Carolina Andrea, se sugiere dar una respuesta argumentada, clara y completa a las preguntas que a continuación se relacionan:

   - ¿Creen ustedes que en el Colegio Los Misioneros se ha garantizado a H. A. y C. A. el derecho a la educación consagrado en la Constitución Política de Colombia? ¿Por qué?

   - ¿Cuál debe ser, según su concepto, el procedimiento adoptado por el rector, una vez enterado del problema? Expliquen detalladamente y justifiquen cada paso del procedimiento que ustedes presenten.

   - ¿Cuáles órganos del gobierno escolar, en el Colegio Los Misioneros deben abordar los problemas descritos sobre los estudiantes H. A. y C. A.

2. *"Unidades de análisis":* se definen para determinar las características del estudio de caso y pueden constituirse

en centro de la reflexión para el caso particular y otros de la misma índole. Se sugiere analizar:

- La indisciplina como: motivo de sanción, disculpa para discriminar, reto no asumido por los adultos formadores de jóvenes. O la indisciplina como: indicador de fallas en algunos procesos en el interior de la institución, posible consecuencia de inestabilidad familiar y/o crisis de adolescencia, problema que debe ser ayudado a superar con orientación debida.

- La evaluación como arma para manejar el poder, mito difícil de descifrar, proceso subjetivo para manipular. O la evaluación como propuesta pedagógica para mejorar la calidad de la educación, proceso participativo y constante de análisis de logros y dificultades, y oportunidad de superación permanente.

3. *"Recolección de informaciones":* incluye las fuentes de datos y los medios que se utilizarán para recolectar dichas informaciones.

Si ustedes formaran parte del "órgano de gobierno escolar" encargado de solucionar los casos de los hermanos Humberto Alejandro y Carolina Andrea, ¿se conformarían con la información contenida con la queja escrita por la madre? ¿Buscarían más datos? ¿Cómo lo harían? Indiquen espacios e instrumentos para tal fin.

4. *"Lógica que une los datos a las especificaciones":* corresponde a un proceso de ordenamiento, clasificación y tabulación de los datos recogidos.

Se sugiere releer el caso presentado y proceder a ordenar los datos, por separado para cada uno de los dos estudiantes, buscando una clasificación de los diferentes aspectos que presenta la queja expuesta por la Señora Rivadeneira.

5. *"Criterios para interpretar los resultados":* pueden ser descriptivos, predictivos o explicativos.

Para el caso de los hermanos H. A. y C.A., se recomienda lo siguiente:

- Con uno o dos adjetivos calificativos, descríbase la "exclusión" de que fue objeto cada uno de los dos hermanos, por parte del Colegio Los Misioneros. Arguméntese la respuesta.

- Háganse dos predicciones para el futuro de cada uno de los dos hermanos: Humberto Alejandro, excluido de la institución y del sistema escolar, y Carolina Andrea, frente a lo que ella ha denominado el "vía crucis" al que ha sido sometida para la recuperación de logros.

- Explíquese brevemente en qué criterios legales, pedagógicos, administrativos, otros, se basaría la solución de este problema, en el marco del mejoramiento a la calidad de la educación y la garantía del derecho a la educación, evitando dilatar su solución y/o la remisión del mismo a otras instancias como la Defensoría del Pueblo o la Oficina Seccional de Escalafón.

ALGUNAS CONCLUSIONES DE LOS GRUPOS PARTICIPANTES EN EL ANÁLISIS DEL PRIMER CASO

1. El Manual de Convivencia debe ser un instrumento de formación y prevención, mas no de represión o sanción.

2. Hay que superar paradigmas tradicionales como el del abuso de autoridad y asumir actitudes más congruentes con la realidad actual, como la constante comunicación con la familia de los estudiantes.

3. En la institución se debe manejar un concepto claro sobre evaluación y criterios precisos para su aplicación.

Se observó que varios de los grupos participantes en el análisis de este caso, hicieron énfasis en el tema del "conducto regular", como algo prioritario en la solución del problema. Por supuesto que todo proceso requiere de un orden y del seguimiento de unas instancias, de acuerdo con criterios de jerarquía específicos. Pero la tendencia no debe ser la de apelar al concepto de conducto regular, en forma precipitada y casi mecánica, sin que medie un fundamento, un análisis de los hechos y de las circunstancias que rodean al conflicto y una profundización en las distintas facetas del caso. La aplicación del seguimiento en un proceso, apelando al conducto regular como centro o columna vertebral, puede convertirse en una trampa o en una falacia que no conduce a la cualificación en el tratamiento de los problemas, ya que el conducto regular es un camino —no el único camino— y debe ir acompañado por los principios y criterios para la solución del conflicto.

Al parecer, de cierta manera, algunos directivos y docentes caen en la monotonía, al analizar y tratar de solucionar los conflictos relacionados con problemas académicos o de convivencia. Podría pensarse, a la par con el planteamiento de los comisionados para la Ciencia, Educación y Desarrollo, que "muchos maestros" terminan "rutinizando su actividad profesional. Este síndrome de la rutina es el peor enemigo de la pedagogía y del prestigio docente ante los alumnos y sus padres"[14].

Segundo caso: Camino hacia la investigación descriptiva

A continuación se presentará un caso, que se analizará según los parámetros establecidos por John W. Best.

Best ubica el estudio de caso en la investigación descriptiva, sobre la cual afirma:

> *Refiere minuciosamente e interpreta lo que es. Está relacionada a condiciones o conexiones existentes; prácticas que prevalecen, opiniones, puntos de vista o actitudes que se mantienen; procesos en marcha; efectos que se sienten o tendencias que se desarrollan. A veces, la investigación descriptiva concierne a cómo lo que es o lo que existe se relaciona con algún hecho precedente, que haya influido o afectado una condición o hecho presentes.*

> *El proceso de la investigación descriptiva rebasa la mera recogida y tabulación de los datos. Supone un elemento interpretativo del significado o importancia de lo que se describe. Así, la descripción se halla combinada muchas veces con la comparación o el contraste, implicando mensuración, clasificación, análisis e interpretación.*

---

14. MISIÓN CIENCIA, EDUCACIÓN Y DESARROLLO, Op. cit., p. 155.

... el proceso de investigación no se considera completo hasta que los datos se hallan organizados y analizados y se han derivado conclusiones significativas. Estas conclusiones se basarán sobre comparaciones, contrastes o relaciones de diferentes especies. O sea que el descubrimiento de algo significativo será la meta de todo el proceso... La investigación descriptiva implica sucesos que han tenido lugar. Los únicos elementos que manipula el investigador son sus métodos de observación y descripción, y el modo en que analiza las relaciones[15].

El caso es el siguiente:

Johanna Alexandra cursó grado 7° en un colegio privado. Le quedó pendiente un logro de ciencias naturales. Al año siguiente, ingresó a grado 8° en otro colegio privado. Al finalizar este año, aprobó el curso, sin dejar pendiente ningún logro. Luego, se trasladó a una institución educativa oficial y fue recibida a grado 9° como asistente. Se le dijo que no podía matricularse hasta tanto no solucionara la situación del logro que no alcanzó en grado 7°. En febrero, el rector de la institución hizo firmar a la madre un compromiso en el que ella aseguraba que si su hija no cumplía con el logro de ciencias del grado séptimo, ella la retiraría "voluntariamente" del colegio. Informan las directivas de la institución que, a la fecha de este análisis, la niña no ha alcanzado el logro. La madre no la ha retirado del colegio. Está en condición de "asistente". El rector no la ha matriculado. La situación de la estudiante es incierta

---

15. BEST, John (1982): *Cómo investigar en educación.* Madrid. Morata. 9ª edición, p. 91, 92.

Primera parte

La investigación descriptiva en la solución de problemas
Proceso del método descriptivo

Según John Best, la información que se requiere para resolver un problema "puede obtenerse mediante el proceso del método descriptivo", teniendo en cuenta que:

1. El primer tipo de información se basa en el conocimiento de las *condiciones actuales.* Para obtener esta primera información, se recomienda partir de *una descripción sistemática y un análisis de todos los aspectos importantes de la situación presente,* para proceder a formular, al menos, cinco preguntas. Para el caso que nos ocupa, se sugieren tres: ¿Dónde estamos ahora? (como Consejo Directivo, Académico o Comisión de evaluación o promoción, que tiene en sus manos el caso de Johanna Alexandra). ¿Cuáles son las características de la situación? ¿Cuáles son sus componentes?

2. El segundo tipo de información se refiere a *lo que necesitamos.* Luego de la descripción sistemática y el análisis de todos los aspectos importantes de la situación presente, se sugiere la proposición de *metas,* a partir de la formulación de preguntas, como: ¿En qué dirección podemos ir? ¿Qué condiciones son deseables o se consideran como mejores?

3. El tercer tipo de información se refiere a *cómo alcanzarlo.* Este análisis puede comprender el conocimiento de la experiencia de otros que se han hallado en situaciones semejantes. Se puede trabajar desde dos ángulos: Por un lado, de ser posible, es recomendable consultar la opinión

de expertos. Por otro lado, se deben formular preguntas que indiquen la estrategia que se debe seguir, planteándose todas las alternativas posibles: ¿Qué criterios amparan la decisión tomada por el rector? Si se toma otra decisión diferente a la del rector (podría haber, al menos, otras dos formas de abordar la situación de Johanna Alexandra), legal y pedagógicamente, ¿qué implicaría?

Elementos esenciales del caso (derivados de las respuestas a las preguntas formuladas en la primera parte)

1. En el *desarrollo del caso* se hace necesario definir todos los elementos esenciales que se encuentren en la secuencia y proceso del caso y tratar de categorizarlos como conceptos, hechos, características u otros.

2. En el *ciclo vital*, esto es, la parte nuclear, lo que da vida al caso y mantiene vigente la situación problemática, en lo posible, se debe determinar sólo un elemento fundamental para este aspecto de la segunda parte.

3. En la *interrelación de los factores asociados al caso*, se sugiere relacionar los elementos definidos para el desarrollo del caso, en el numeral 1 y aquel que fue determinado en el ciclo vital (numeral 2). Esta relación debe fundamentarse en criterios.

1. Hay que buscar un *factor común* entre los tres aspectos de la segunda parte (*desarrollo del caso, ciclo vital e interrelación*). Este factor debe comportarse como común denominador, por la frecuencia con que se presente. Puede ser una circunstancia, un hecho accidental, una característica definida de uno de los actores del problema u otros.

2. Se hace necesario generar conceptos alrededor de este factor común, tratando de visualizar el *ser y el deber ser*.

3. Basándose en los dos aspectos anteriores, se procede a plantear alternativas de solución al problema, teniendo en cuenta los sujetos afectados y la institución educativa donde ocurren los hechos. Las alternativas deben considerar posibilidades a corto y mediano plazo. No se trata solamente de solucionar el problema del estudiante, sino de crear una proyección a nivel institucional para prevenir situaciones similares en el futuro y mejorar los procesos administrativos y pedagógicos.

Algunas conclusiones de los grupos participantes en el análisis del segundo caso

1. En la institución educativa debe haber unificación de criterios en materia de evaluación.

2. Cada caso debe servir como base para crear acciones o estrategias para asumir en la institución casos semejantes en el futuro.

3. El desconocimiento de las normas legales afecta la estabilidad de los estudiantes.

COMENTARIOS GENERALES

Llama la atención que en este caso el análisis de los participantes en su estudio, se centró en la aplicación de normas legales y dejó casi de lado los aspectos pedagógicos. Sólo dos grupos se interrogaron sobre el tipo de logro que supuestamente la estudiante no había alcanzado y la necesidad de tomar una decisión en la *Comisión de evaluación y promoción,* contando no sólo con la presencia de la estudiante, sino también del maestro de Ciencias Naturales.

Además, para otro grupo, luego de constatar que el logro hacía referencia a las partes de la célula, quedó claro que si la estudiante ya se encontraba cursando grado 9°, sin ningún problema, se daba por hecho que el logro de 7° se había obtenido, por ser considerado en esta área como pre-requisito para otros logros ya alcanzados en el grado 8°.

Al parecer, en el tratamiento de los conflictos que surgen en el terreno de los procesos académicos y de los resultados esperados en los estudiantes, no todos los maestros se detienen a pensar en la relación que existe entre los fracasos y los éxitos y "el método clásico de la enseñanza misma". En estos casos, suele olvidarse el contraste entre "la escuela tradicional" que "amuebla el pensamiento y lo somete" y otras tendencias como "la escuela activa" que permite "al alumno la adquisición de un método que le servirá toda la vida, y que ampliará sin cesar su curiosidad sin agotarla"[16].

---

16. PIAGET, Op. cit., p. 44,45.

En este caso se trabajará con unos principios fundamentales, a saber:

1. La actitud asumida ante un problema o conflicto que se presente en la institución educativa, no es la de evadirlo, dilatar su solución, permanecer indiferentes, o buscar por todos los medios prescindir de las personas (maestros o estudiantes) que presumimos son supuestamente causa del problema o conflicto.

2. El problema o conflicto debe tomarse no como una dificultad insalvable, sino como una oportunidad de crecimiento, de comunicación entre miembros de distintos estamentos de la comunidad educativa y de ajustes y mejoramiento de algunos aspectos del Proyecto Educativo Institucional - PEI.

3. La solución del problema o conflicto debe contemplar la posibilidad de ayuda a las personas (maestros o estudiantes) que en un momento determinado pudieron haberse convertido en obstáculos para el normal desarrollo del PEI, por ser causa o protagonistas del problema o conflicto, pero que como todo ser humano, también tienen cualidades y potencial para contribuir positivamente al desarrollo institucional.

Se tratará este caso con base en algunos planteamientos presentados en el documento de la Secretaría de Educación D.C. y la Universidad Externado de Colombia, publicado en 1997 con el título *"La Escuela del próximo milenio: Propuesta para el mejoramiento de la calidad de la educación en el Distrito Capital"*[17]. De este documento se tendrá en cuenta la conferencia del Doctor Carlos Eduardo Vasco, titulada *"Prospectiva de la Educación"*, de la cual se toman las siguientes categorías: Verdaderos sentidos del colegio o la escuela para la sociedad, pluralismo en la escuela, desarrollo de una autopedagogía, desarrollo de la capacidad de inmersión, trabajo por proyectos.

Resumen de algunos planteamientos del Doctor Carlos Vasco:

"Verdaderos sentidos de la escuela para la sociedad". En este punto, el documento en mención hace referencia a lo que Vasco llama la "cárcel de menores", el "parqueadero laboral", la "cámara de endurecimiento", la "aplanadora ideológica" y el "club social".

La connotación de la cárcel hace referencia al encierro a que son sometidos los niños y adolescentes. El concepto de parqueadero laboral está directamente relacionado con la falta de oportunidades laborales cuando los jóvenes terminan su educación básica, con la consecuente necesidad de "tenerlos guardados para que demoren un poco el impacto sobre el mercado laboral".

La escuela como cámara de endurecimiento es la antesala para afrontar los futuros "puestos de trabajo tediosos, rutinarios, difíciles, embrutecedores". La aplanadora ideológica toca el

---

17. VASCO, Carlos; VILLAVECES, José Luis (1997): *La escuela del próximo milenio. Propuesta para el mejoramiento de la calidad de la educación en el Distrito Capital.* Santa Fe de Bogotá D.C. Secretaría de Educación D.C. - Universidad Externado de Colombia.

tema de la preparación de los jóvenes para ejecutar órdenes pero no para cuestionarlas.

Finalmente, el club social está relacionado con la función que los niños y jóvenes asignan a la escuela: conversar, trabajar juntos, hacer deporte, jugar.

"Pluralismo en la escuela". El Doctor Vasco se refiere en este punto a la diversidad de criterios, conceptos, actitudes y reacciones frente a los hechos en el mundo actual y las contradicciones o problemas que surgen frente a esta avalancha de manifestaciones, a veces tan opuestas, que la escuela no siempre puede asumir o resolver. Por esto, su hipótesis se centra en interrogarse sobre la verdadera motivación de los jóvenes al ingresar a la escuela: buscar ocasiones para "hacer pilatunas, socializar con sus congéneres y tener todas esas oportunidades de ceremonias de iniciación..."

"Desarrollo de una autopedagogía". Se centra este punto en la convicción del Doctor Vasco sobre el hecho de que "a uno no lo educan, uno se educa; a uno no lo forman, uno se forma". En este contexto, el maestro sería un tutor, para que su pedagogía lleve a la "autopedagogía del tutoriado".

"Desarrollo de la capacidad de inmersión". Se dirige este punto al tema de los "horarios", las "distribuciones" y otras formas de organización de las asignaturas en la institución, que el maestro como verdadero tutor debe superar, o en términos del Doctor Vasco, "saltarse", para dar prelación a lo que realmente es de interés e importancia para el alumno. Para aprender, no bastan las clases aisladas de 45 minutos, sino que es necesario que el estudiante asuma aquella actitud de la "inmersión total", que supera horarios rígidos y distribuciones preestablecidas.

"Trabajo por proyectos". El Doctor Vasco enfatiza en la ventaja del proyecto, porque "el grueso del trabajo por áreas y de la motivación para que el alumno trabaje en un área está en que él esté interesado en un proyecto".

El caso es el siguiente:

En dos instituciones educativas se han presentado situaciones problemáticas reiteradas, producidas al parecer por dos maestros que son catalogados como personas dedicadas a su trabajo, entregadas a la labor pedagógica y cumplidoras de muchos compromisos profesionales, pero "conflictivas". En ambas instituciones el clima de confianza entre los maestros se ha deteriorado, la comunicación es deficiente y en algunas ocasiones no existe, las relaciones entre los maestros son tirantes, hasta llegar al maltrato verbal y a la amenaza.

Según quejas escritas de los maestros, uno de los colegas "patrocinadores" del "malestar" en la institución, toma actitudes groseras y prepotentes, a veces ejerce presión sobre los estudiantes y hace caso omiso de las directivas.

El otro maestro es acusado de "ir contra la corriente" porque no acata los acuerdos adoptados en el Consejo Directivo, a menudo indispone a los alumnos contra los maestros, actúa unilateralmente, sembrando desconfianza en los padres de familia hacia los otros maestros y habla mal de sus colegas.

Luego de leer la conferencia del Doctor Carlos Vasco, se debe escribir cómo se solucionaría este caso. Para ello, se debe tener en cuenta lo siguiente:

1. Analizar los tres principios fundamentales anotados en la introducción de este caso, como orientación básica de la

solución del caso y relacionarlos con el horizonte institucional del PEI, en lo que tiene que ver con los aspectos filosóficos, éticos y pedagógicos, primordialmente.

2. Profundizar en cada una de las cinco categorías implícitas en los planteamientos del Doctor Vasco: verdaderos sentidos de la escuela para la sociedad, pluralismo en la escuela, desarrollo de una autopedagogía, desarrollo de la capacidad de inmersión y trabajo por proyectos.

3. Determinar en forma concreta, con algunos ejemplos, cómo el PEI ha contemplado dichas categorías.

4. Plantear una solución al conflicto, basándose en los tres principios fundamentales y en las cinco categorías.

5. Justificar la decisión.

ALGUNAS CONCLUSIONES DE LOS GRUPOS PARTICIPANTES EN EL ANÁLISIS DEL TERCER CASO

1. Los maestros deben conocer a fondo los fines, principios y filosofía del Proyecto Educativo Institucional, para comprometerse con la institución.

2. En las instituciones educativas se debe crear un ambiente propicio para la libertad de expresión y la creatividad.

3. El maestro, como ser humano, puede cometer errores y necesita de una orientación para corregir sus faltas.

Llama la atención el "análisis" que algunas personas hicieron a este caso, dejando de lado completamente los aspectos relacionados con los fundamentos teóricos del PEI y la necesidad de relacionar los procesos y decisiones en la institución con dichos fundamentos. En este sentido, particularmente un grupo redujo la solución del conflicto a verificar la queja, realizar una reunión conjunta con los maestros conflictivos, para hacerlos "caer en cuenta de las causales de su mala conducta" y seguir el procedimiento establecido por la ley, en caso de incumplimiento de acuerdos.

Este procedimiento, que no tiene en cuenta procesos de categorización, simplifica o anula la importancia y necesidad de recurrir a marcos filosóficos y pedagógicos en la gestión administrativa y académica de las instituciones y, específicamente, en lo que concierne al manejo de los conflictos. Además, al parecer, utiliza "las normas para limitar, reprimir o eliminar, de una manera u otra, a los causantes del conflicto"[18].

CUARTO CASO: TENER EN CUENTA "LA IMPORTANCIA DEL OTRO".

Se asumirá el tratamiento de este caso, desde la óptica de José Noé Ríos Muñoz, tomando algunos de sus planteamientos en el libro *Cómo negociar a partir de la importancia del otro*, ya citado en la primera parte de este capítulo.

---

18. VINYAMATA, Op. cit., p. 89.

En primer lugar, el Doctor Ríos parte de la naturaleza de los conflictos para su clasificación: planificados, inducidos y espontáneos.

Por ser diferentes, "en su estructura, en su conformación, en sus partes involucradas, en su contenido", los conflictos deben ser analizados desde cinco puntos de vista: las causas que les dieron origen, el tiempo, modo y lugar donde se desarrollan, sus dimensiones, las partes involucradas y las relaciones de poder.

Finalmente, se tomará lo referente al planteamiento de Noé Ríos, acerca de los "principios del sistema", como las "proposiciones fundamentales cuyo contenido constituye la norma primaria para negociar a partir de la importancia del otro". Están conformados "por cinco acciones que constituyen la verdad que sustenta la negociación: Reconocer y legitimar al contrario en la mesa de negociación, negociar con transparencia, acordar lo posible en el concepto de lo justo, reconocer que la firma de un acuerdo no es la solución definitiva del conflicto y hacer seguimiento para asegurar que se cumpla lo acordado"[19].

El caso es el siguiente:

En una institución educativa se presenta vandalismo por parte de los estudiantes. Las consecuencias de esto se ven en la destrucción de las baterías de baños, los libros de la biblioteca y las mesas de la cafetería. Igualmente, las paredes y los pupitres de la institución aparecen rayados. Se inicia un conflicto entre

———————

19. RÍOS, Op. cit., p. 115-116.

las directivas y maestros con los estudiantes y los padres de familia; los primeros responsabilizan a los estudiantes por su agresividad y a los padres por la falta de autoridad con sus hijos, ya que suponen que en los hogares no les reprenden por estas faltas. A su vez, los padres de familia aseguran que cuando los maestros están en reuniones o permisos, los estudiantes permanecen solos bastante tiempo y aprovechan para destruir los muebles y elementos de la institución.

Las directivas y maestros deciden que el estudiante que destruya elementos, materiales o muebles de la institución, debe hacerse responsable de pagarlos. Esta medida se incluye en el manual de convivencia, con la intención de hacerla cumplir y "solucionar el problema de raíz", lo cual no se logra, ya que los estudiantes que son sorprendidos in fraganti prefieren desertar de la institución, antes que pagar los daños causados.

PRIMERA PARTE
ENTENDER LA NATURALEZA DEL CONFLICTO

Para desarrollar esta primera parte, se hace necesario clasificar el conflicto, partiendo de la propuesta del Doctor Ríos. Los conflictos planificados, según el autor mencionado, se derivan de "una situación previamente definida y programada; los conflictos inducidos "tienen origen en antecedentes, circunstancias, hechos o actores que impulsan o generan un desequilibrio"; y los conflictos espontáneos "surgen de manera imprevista".

Para poder clasificar el conflicto de este cuarto caso, se sugiere responder algunas preguntas como:

* ¿Se escuchó ampliamente a los estudiantes antes de tomar la decisión de modificar el manual de convivencia?

- ¿Las directivas y maestros de la institución, así como los padres de familia, conocen las motivaciones reales de los estudiantes para asumir actitudes vandálicas?

- ¿En qué consiste el compromiso de formación asumido por la institución frente a los niños y jóvenes que allí estudian?

- ¿Hay diferencias significativas en la situación, antes de tomar la decisión de intentar obligar a los estudiantes a pagar los daños ocasionados por ellos y después de haber tomado esta determinación? ¿Cuáles?

Segunda parte

Analizar el conflicto

Una vez entendida la naturaleza del conflicto, se dan luces para su análisis y manejo. No se asumirá el mismo procedimiento frente a un conflicto planificado, otro inducido o uno espontáneo.

En el caso que nos ocupa, determinar la naturaleza del conflicto muy seguramente ha llevado a concluir que existen, al menos, dos momentos en el conflicto: Un primer momento, relacionado con el problema del vandalismo y la reacción de los maestros y de los padres de familia, y un segundo momento, cuando se agudiza la crisis ante la deserción de los estudiantes de la institución. Aunque para algunas personas "desprevenidas" puede interpretarse como "haber salido del problema", esta sería una conclusión demasiado simple, porque no se ha llegado al origen del mismo.

Para analizar el conflicto, se sugiere la formulación de interrogantes sobre los cinco puntos de vista planteados por el Doctor Ríos:

- *Las causas que le dieron origen*: ¿Cómo son los procesos de comunicación entre los estudiantes, entre éstos y sus maestros, entre los jóvenes y las directivas de la institución? ¿Qué mensaje están enviando con su actitud los jóvenes a los adultos? ¿Cuál es la participación de los estudiantes en el mantenimiento y conservación de los muebles y equipos de la institución, destinados a su uso y para su propio beneficio?

- *El tiempo, modo y lugar donde se desarrolla*: ¿Hay épocas del año en que el vandalismo por parte de los estudiantes se agudiza? ¿Existen lugares en la institución que son respetados por los estudiantes y en los cuales muy pocas veces o nunca se advierten señales de vandalismo? ¿El vandalismo tiene algunas características definidas, como patrones recurrentes? ¿Se presenta el problema en algunos cursos más que en otros?

- *Las dimensiones*: ¿Por qué los estudiantes prefieren llegar a situaciones extremas, como la deserción, antes que asumir su compromiso con la institución? ¿Por qué no parece existir en los estudiantes un sentido de pertenencia a la institución? ¿Qué posibilidades de evolución tiene el conflicto? ¿Cuáles son los costos que el problema está generando material, social, pedagógica y moralmente?

- *Las partes involucradas*: ¿Se dialogó sobre el problema con los estudiantes, en presencia de sus padres? ¿Qué papel juega el director de grupo en la prevención del vandalismo y en la solución del problema? ¿Qué papel ha desempeñado el personero estudiantil, como representante de los estudiantes, en el proceso de análisis y solución del conflicto?

- *Las relaciones de poder*: ¿En qué forma se ha manifestado la participación del rector en el manejo de este conflicto? ¿Por qué los miembros del Consejo Directivo no tuvieron en cuenta a los estudiantes y a los padres de familia para decidir sobre la modificación del manual de convivencia, en el sentido de aplicar un correctivo frente a las actitudes de vandalismo? ¿Qué estudiante(s) ejerce(n) liderazgo frente a las actitudes de vandalismo? ¿Quién influye sobre los estudiantes para agudizar el problema? ¿Quién para solucionarlo?

Analizado el conflicto, se sugiere proceder a elaborar un plan para levar a cabo la negociación, tomando como base la propuesta de las cinco acciones sugeridas por José Noé Ríos. Para efectos de ser adaptada a conflictos en instituciones educativas, dicha propuesta se presenta de la siguiente manera:

- *Reconocer y legitimar al contrario.* En este punto, se deben considerar los mecanismos que se seguirán por parte de los miembros del Consejo Directivo u otros órganos del gobierno escolar que asuman la solución del conflicto, para aceptar la capacidad de los estudiantes y padres de familia para "exponer y sustentar sus tesis" frente a las del Consejo Directivo, darles las atribuciones que les corresponden y definir criterios de base para formular acuerdos.

- *Negociar con transparencia.* En este aspecto, directivos, maestros, estudiantes y padres de familia, tendrán en cuenta la capacidad de escucha y se propondrán mantener esta capacidad todo el tiempo que dure la negociación, a su vez que generarán credibilidad a partir de la sinceridad y la demostración de la directa relación entre lo que se piensa y lo que se hace.

- *Acordar lo posible en el concepto de lo justo.* En este punto, los participantes en la negociación partirán del hecho de que deben ceder "cada parte a la otra lo que entiende que le pertenece", para llegar a acuerdos "razonables, fundamentados en el derecho de los demás a ser reconocidos, estructurados con equidad".

- *Reconocer que la firma de un acuerdo no es la solución definitiva del conflicto.* En esta parte, se hace necesario levantar un documento o acta de acuerdos que "son un punto de llegada al entendimiento y el punto de partida para la solución definitiva del conflicto".

- *Hacer seguimiento para que se cumpla lo acordado.* Se diseñará conjuntamente un plan de control para garantizar el cumplimiento de los acuerdos. En dicho plan, se consignarán las gestiones tendientes a hacer "una evaluación permanente del progreso de los acuerdos, con indicación de los elementos que explican los inconvenientes que se puedan presentar en la tarea, y con disposición de incorporar correctivos", en caso de ser necesario. Igualmente, se determinarán mecanismos efectivos de comunicación, para mantener informada a toda la comunidad educativa de los avances o dificultades en la solución del conflicto.

ALGUNAS CONCLUSIONES DE LOS GRUPOS PARTICIPANTES EN EL ANÁLISIS DEL CUARTO CASO

1. Ante situaciones extremas en la institución, hay que tomar medidas extremas.

2. De no actuar a tiempo en lo que concierne a problemas de vandalismo, la situación puede salirse de las manos de las directivas de la institución.

3. Si no se erradica el mal de raíz, el mal ejemplo cundirá en la institución.

COMENTARIOS GENERALES

Llama la atención que en el caso en mención nunca hubo datos estadísticos que permitieran diagnosticar con claridad el problema. Quizás se hubiera podido llegar a un mejor análisis, de haber indagado sobre la reiteración de los casos, los sitios preferidos por los estudiantes para ejercer acciones de vandalismo, el predominio de hombres o de mujeres en la responsabilidad sobre este tipo de hechos, fechas o días particulares de manifestación de estos casos, y otros aspectos de interés para analizar comportamientos específicos y detectar posibles factores asociados a este tipo de conducta por parte de los estudiantes.

Al parecer, en gran medida, se obvió "la vía más idónea para superar y/o transformar positivamente los conflictos en la escuela", que según Rafael Marroquín, está en "determinar las acciones y las omisiones que son indispensables para traspasar la visión de los/las jóvenes como objetos de compasión, control y represión a la de sujetos plenos de derechos"[20].

Los cuatro casos presentados en las páginas anteriores, permiten sacar unas primeras conclusiones generales:

---

20. MARROQUÍN FIERRO, Op. cit., p. 15.

160

- No todos los casos son iguales; por lo tanto, los procedimientos no necesariamente se deben estandarizar. Cada caso será analizado desde una óptica particular y requerirá su propio proceso para ser solucionado. Incluso, casos aparentemente similares, presentados en diferentes instituciones, deberán adaptar el procedimiento de resolución a las condiciones particulares del Proyecto Educativo Institucional PEI.

- En el terreno del manejo de conflictos, se hace indispensable fundamentarse teóricamente, evitando así las improvisaciones, las actitudes especulativas y la mecanización en los procesos.

- Dar y recibir, se convierten en el centro de la dialéctica en el manejo de los conflictos institucionales, frente a los cuales se debe actuar con objetividad, rigurosidad y creatividad, tratando de analizar variadas posibilidades de solución.

- La participación democrática en el manejo y solución de conflictos es una condición fundamental para la conciliación, teniendo en cuenta, por supuesto, los principios del sentido de "las mayorías", no necesariamente en su connotación cuantitativa, sino cualitativamente hablando, en lo que hace referencia a la argumentación contundente y a la toma de decisiones con justicia y equidad.

- El compromiso que surja de cada uno de los acuerdos entre las partes en conflicto, debe generar un texto escrito que contenga diversos aspectos como las reglas de juego claras, las conclusiones y el plan para hacer seguimiento a las acciones previstas para la solución.

Manejo de conflicto institucional y autonomía

Como se ha visto a lo largo de este capítulo, el manejo adecuado del conflicto se convierte en un indicador de la autonomía institucional, porque demuestra "mayoría de edad", gestión eficiente y autorregulación.

Según lo planteado en páginas anteriores, manejar conflictos para regularlos o solucionarlos, implica tener claro su origen, partiendo de considerar, entre otros, las categorías de comunicación, poder, criterios y compromiso.

A su vez, el hecho de enfrentar los conflictos exige superar la improvisación, tomando como base principios, entre los cuales podemos contar con:

- Analizar a fondo los hechos.

- Evitar la violencia en su manejo.

- Diagnosticar a tiempo aquellos conflictos que se "heredan".

- Asumir una actitud positiva, dejando de lado los pronósticos pesimistas.

- Acudir a la intervención de un mediador, en caso de considerarse necesario.

- Buscar la conciliación, y llegar a acuerdos, sobre la base del equilibrio entre deberes y derechos de las personas involucradas.

Otro punto interesante para tener en cuenta es el hecho de que la autonomía no se pierde por la cantidad de conflictos que se presenten en una institución, en tanto se miren éstos como una posibilidad de descubrir problemas latentes, abrir espacios de análisis, hacer ajustes en los procesos de gestión, implementar estrategias de integración, propender por el desarrollo de las comunidades y mejorar cada día más el quehacer profesional.

Finalmente, tratándose de conflictos, se hace énfasis en la necesidad de basar el proceso de su manejo en una conceptualización clara, esto es, poseer un marco de referencia, como también fijarse principios y criterios, sin perder de vista, además, que todos los casos no son iguales, por lo que se requiere asumir estrategias diferentes para cada solución. Los resultados positivos de este proceso dependen, en gran medida, de la realización de un trabajo en equipo, que cuente con la inciativa permanente y la acertada dirección del rector o rectora de la insittución.

La autonomía se hará más sólida, si se tiene una visión clara de la forma como se deben enfrentar y manejar los conflictos, con calidad y verdadero sentido profesional, lo cual siempre se constituirá en factor de enriquecimiento del Proyecto Educativo Institucional y un aporte al país para abrirle caminos a la sana convivencia.

BIBLIOGRAFÍA

BEST, John (1982): Cómo investigar en educación. Madrid. Morata.

BRUNER, Jerome (1997): *La educación, puerta de la cultura.* Madrid. Visor.

CERDA, Hugo (1991): *Los elementos de la investigación.* Santa Fe de Bogotá D.C. El Búho.

CIORAN, R. M. (1998): *Historia y utopía.* Barcelona. Tusquets.

LEDERACH, Juan Pablo (1990): "Elementos para la resolución de conflictos". En: *Educación y derechos humanos, No. 11.* Documento fotocopiado.

MARROQUÍN FIERRO, Rafael. "El conflicto escolar a la luz de los derechos humanos". En: *Jóvenes derechos.* Puertas abiertas a la participación juvenil. Serie de documentos 2. Oficina para la defensa de los jóvenes. Santa Fe de Bogotá D.C. (diciembre de 1998), p. 10-15.

MISIÓN CIENCIA, EDUCACIÓN Y DESARROLLO (1997): *Colombia al filo de la oportunidad.* Santa Fe de Bogotá D.C. Instituto para la Investigación Educativa y el Desarrollo Pedagógico-IDEP.

Mitologías (1982): Barcelona. Planeta.

PIAGET, Jean (1975): A *dónde va la educación.* Barcelona. Teide S.A.

RINCÓN BONILLA, Gloria (1997): "Tarea: hacer un resumen. ¿Y los maestros saben hacerlo?". En: BUSTAMANTE, Guillermo, JURADO, Fabio (comp.): *Entre la lectura y la escritura. Hacia la producción interactiva de los sentidos.* Santa Fe de Bogotá D.C. Magisterio, p. 45-83.

RÍOS MUÑOZ, José Noé (1997): *Cómo negociar a partir de la importancia del otro.* Santa Fe de Bogotá D.C. Planeta Colombiana.

SÁBATO, Ernesto (1999): *Antes del fin.* Santa Fe de Bogotá D.C. Planeta.

VASCO, Carlos; VILLAVECES, José Luis (1997): *La escuela del próximo milenio. Propuesta para el mejoramiento de la calidad de la educación en el Distrito Capital.* Santa Fe de Bogotá D.C. Secretaría de Educación D.C. – Universidad Externado de Colombia.

VINYAMATA, Eduard. "La resolución de conflictos". En: *Cuadernos de pedagogía. No. 246. Barcelona. Fontalba S.A. (abril de 1996), p. 89-91.*

Consolidación de consejos académicos institucionales o locales, como centros de construcción de conocimiento

¿Qué significa ser maestro/maestra?

Desde la óptica del *Programa de Naciones Unidas para el Desarrollo,* el concepto de "profesión" –en cuanto al magisterio hace referencia– se define "por el entrecruce" de dos aspectos: ocupación en asuntos delicados o sensitivos para la sociedad y margen de incertidumbre en lo que se refiere a los resultados de sus intervenciones. Esto significa que la educación es una profesión que "supone estudios avanzados y actualización permanente" y que sus "profesionales", según anota el mismo planteamiento del estudio de las Naciones Unidas, "se obligan a aplicar el mejor saber disponible a la solución del problema", lo cual implica que deben tomar decisiones con el mejor criterio posible "y siempre en interés del usuario", tener autonomía en su trabajo y ser remunerados "en proporción a su entrenamiento y responsabilidad"[1].

Según lo anterior, se podría inferir que la profesión del magisterio exige, entre otros, participación constante en procesos de formación por parte de los maestros, trabajo en equipo y planteamiento de proyectos de investigación e innovaciones pedagógicas.

Al lado de esta concepción, surge la propia visión sobre el significado de ser maestro, el autoconcepto y la proyección que se dé al trabajo profesional. En este sentido, se hará una aproximación a algunos textos escritos por maestros, con base en un marco de referencia que permita establecer criterios para llegar a conclusiones sobre la estructura de dichos textos y la temática que desarrollan.

MARCO DE REFERENCIA

Para abordar los textos de los maestros, se tomarán como base algunos planteamientos de las propuestas de tres autores, a saber: Hans-Georg Gadamer, Umberto Eco y Teun A. van Dijk.

---

1. GÓMEZ BUENDÍA, Hernando (editor). (1998): *Educación. La agenda del siglo XXI. Hacia un desarrollo humano.* Programa de Naciones Unidas para el desarrollo –PNUD. Santa Fe de Bogotá D.C. Tercer Mundo Editores p. 245, 249.

Gadamer en su *Teoría de la experiencia hermenéutica,* se refiere a la interpretación que parte de "proyectos" como anticipaciones, basadas en "opiniones previas" que no deben ser arbitrarias para que la comprensión alcance sus verdaderas posibilidades, ya que hay que contar con "la opinión del texto"[2]. Igualmente, habla Gadamer del "movimiento circular de la comprensión", en el sentido de que se va del todo a la parte y de ésta al todo, entendiendo que la comprensión "no es nunca un comportamiento sólo reproductivo, sino que es a su vez siempre productivo"[3].

Desde este ángulo, el papel del lector va más allá de la simple decodificación de signos, para producir un nuevo texto que maneje la visión de totalidad y parcialidad del texto interpretado, teniendo en cuenta sus relaciones y la función que éstas cumplen en el proceso de comunicación.

En cuanto hace referencia a Umberto Eco, se tomará su concepto de forma, que el autor asimila al concepto de estructura, "en cuanto a sistema de relaciones, relaciones entre sus diferentes niveles" (...). "Así, se hablará más de estructura que de forma cuando se quiera revelar no la consistencia física individual del objeto, sino su analizabilidad, su posibilidad de descomposición en relaciones..."[4].

Aunque este punto de vista de Eco se plantea para abordar la obra de arte, se aplicará a los textos escritos por los maestros,

---

2. GADAMER, H.G. (1984):*Verdad y método.* Salamanca. Sígueme, p. 333, 335.

3. Ibid., p. 362, 363, 366.

4. ECO, Umberto (1985): *Obra abierta.* Barcelona. Planeta-Agostini, p. 36.

teniendo en cuenta las relaciones que en ellos se adviertan, desde lo semántico, lo sintáctico y el "nivel de los temas y de los contenidos ideológicos".

Por su parte, Teun A. van Dijk habla de "la estilística textual", esto es, "las investigaciones que se dedican a la descripción del estilo de textos en lengua natural"[5]. Van Dijk se refiere a la necesidad de una rigurosa restricción en el empleo del término "estilo". Sugiere la comparación entre el estilo de un determinado enunciado de un hablante, con otros enunciados del mismo hablante, y, a su vez, con los de otros hablantes. En este marco, van Dijk plantea los conceptos de elección u opción, variantes funcionales y contexto.

El rol que cumple un lector –u oyente– en este caso, ha de tener en cuenta las denominadas por van Dijk diferencias sociales y situacionales, la forma como se indican distintas disposiciones de ánimo y el carácter no siempre arbitrario de las características particulares de un estilo concreto, en cuanto a uso de tipos específicos de textos.

LO QUE DICEN LOS/LAS MAESTROS/MAESTRAS

Teniendo como base los planteamientos expuestos en el apartado anterior, se hará una aproximación a algunos textos escritos por maestros de Bogotá, como respuesta a la pregunta: *¿Qué significa para usted ser maestro/maestra?*

---

5. DIJK, Teun A van (1983): *La ciencia del texto*. Barcelona. Paidós Comunicación, p. 110.

1

"Gran responsabilidad, testimonio de vida, generosidad en tiempo, conocimientos, ayudar a los alumnos en su formación integral para que ellos puedan poner en práctica en su vida los valores adquiridos".

(Margoth Laíno, Coordinadora Académica)

2

"Es el mediador que ayuda a producir cambios significativos en sus alumnos/as y de esta manera impulsa cambios culturales. Todo esto se hace desde la perspectiva de reconocerse como un ser humano en continua construcción y cambio".

(César Augusto Carrillo, Profesor de Informática)

3

"Para mí ha sido una realización personal y profesional a través de los años de experiencia, varios por cierto, he tenido muchas satisfacciones, pero también he tenido desilusiones que la vida y continuo vivir me ha permitido llevar. Sin embargo concluyo que escogí la profesión acertada".

(Martha Gómez, Profesora de Inglés)

4

"Ser maestro significa comenzar a enriquecerse espiritualmente".

(Alfonso Rodríguez, Profesor de Matemáticas)

5

"Orientador, educador".

(Profesor de Ciencias Sociales)

6

"Orientar, guiar a los alumnos en todo el proceso de formación, ser testimonio de responsabilidad, respeto, idoneidad en su cargo".

(Profesor de Mecánica Automotriz)

7

"Es la virtud o don que tiene la persona para poder transmitir sus conocimientos con amor y sencillez, teniendo en cuenta que cada día se tiene que actualizar para fortalecer dichos conocimientos".

(Floralba Moreno, Profesora de Inglés)

8

"Es un orientador, guía, acompañante en el desarrollo de los procesos afectivos, cognitivos, psicomotores".

(Consuelo Caro, Orientadora)

El punto de vista de Gadamer sobre "la opinión del texto", se puede aplicar a los ocho textos (1 a 8), teniendo en cuenta que en varios de los ejemplos, es la enumeración un recurso reiterado para emitir conceptos sobre el significado de "ser maestro/maestra".

El Diccionario de la Real Academia Española de la Lengua, se refiere a *significar* como: *ser una cosa, por naturaleza, imitación o convenio, representación, indicio o signo de otra cosa distinta.* Quiere decir esto que para los maestros que respondieron la pregunta: ¿Qué significa ser maestro/maestra?, el ser de su profesión está representado en: *"mediar, orientar, educar, guiar, transmitir, acompañar"*.

Según los textos, el maestro como mediador, tiene influencia en la producción de cambios; como orientador o guía, tiene que ver con el proceso de formación de los estudiantes; como acompañante, está vinculado al desarrollo afectivo, cognitivo y psicomotor; como transmisor, su responsabilidad gira en torno a los conocimientos (sus conocimientos). Es claro que para los maestros, cada acción, tiene su propio referente, en un contexto de especificidades expresadas como tareas.

De acuerdo con las anteriores apreciaciones, el significado de ser maestro, se elabora con base en la abstracción de algunos elementos, partiendo de la dinámica de una labor, y tal apreciación está matizada en algunos textos con expresiones que la caracterizan en un contexto particular: *Testimonio de vida, testimonio de responsabilidad, es la virtud o don que tiene la persona, reconocerse como un ser humano en continua construcción y cambio.* Estas expresiones rebasan el concepto tradicional de ser maestro como "persona que enseña una ciencia, arte u oficio", porque implican la creencia en la necesidad de existencia de unos requerimientos previos como la posesión de una virtud o don (¿adquirido espontáneamente?) y otros requerimientos de actitud (¿construidos por la persona?), como constituirse en testimonio de vida y responsabilidad, y reconocerse como un ser humano. Las respuestas a los interrogantes del paréntesis quizás pudieran dar luces sobre la posibilidad de que algunos conceptos sobre el significado del ejercicio del magisterio encierren la presencia de factores innatos y otros adquiridos o construidos, como los relacionados con la personalidad y los comportamientos de vida.

En el texto señalado con el número *2*, se identifica al maestro con el *mediador que ayuda a producir cambios significativos en sus alumnos/as y de esta manera impulsa cambios cultura-les*. El centro de esta perspectiva del significado de ser maestro se ubica en el cambio. Es una apreciación que se acerca al punto de vista de Juan José Sanz Adrados, cuando trae a colación el tema de "la actitud pedagógica de la mediación entre lo conocido y lo desconocido, lo aceptado y lo no aceptado, lo antiguo y lo nuevo", lo cual implica que el maestro "lleve" a su grupo de estudiantes, mediante el análisis crítico, al descubrimiento y a la construcción del futuro y "de los nuevos valores, aceptando el pasado y el presente"[6].

En algunos de los textos ubicados en este primer grupo, se observa el sentido del ejercicio del magisterio como *guía* y *orientación*, concepto que coincide con la apreciación de Ernesto Schiefelbein y Paulina Schiefelbein, refiriéndose a la calidad de la educación en América Latina y el Caribe y, particularmente, a las modalidades de "aprendizaje activo", contra el "círculo vicioso de la enseñanza pasiva". Los investigadores mencionados, cuyos planteamientos han sido incluidos en el libro *Educación. La agenda del siglo XXI*, expresan que "los maestros desean cambios y están dispuestos a dejar su rol de dictador principal –que les demanda tiempo fuera de clases y

---

6. SANZ ADRADOS, Juan José (1983): "Cultura y educación popular en América Latina". En: *Educación y cultura popular latinoamericana*. Santa Fe de Bogotá D.C., Nueva América, p. 112-113.

una creatividad que pocos tienen– para desempeñar un rol de animador, colaborador y guía"[7].

Desde el punto de vista de Gadamer, en cuanto hace referencia al "movimiento circular de la comprensión", se advierte que la enumeración es el recurso más acogido, en el sentido de utilizarse en la mayoría de los ocho textos para hacer acopio de cualidades. En los textos no existe ninguna categorización especial en la explicación que se hace sobre el significado de ser maestro, en tanto los elementos de la enumeración se colocan indiscriminadamente en un mismo grupo, a saber: Al tiempo que se habla de guiar a los alumnos en todo el proceso de formación, se hace referencia a ser testimonio de vida y poseer idoneidad en el cargo; asimismo, se menciona la responsabilidad, la generosidad en tiempo y los conocimientos. Claramente se advierten tres situaciones diferentes, aunque relacionadas, identificadas con el desempeño, la actitud y la preparación académica.

Según lo anterior, en el sentido de ir "del todo a la parte y de ésta al todo", "la opinión" de los textos está estrechamente relacionada con la enunciación de una serie de atributos de la labor docente, encadenados a través de enumeraciones, en donde la ausencia de una clasificación u ordenamiento parece estar indicando que no se privilegia ninguno de los atributos, sino que, por el contrario, se da a todos igual nivel de importancia.

De otra parte, algunos textos reflejan de manera muy concreta la alusión a la experiencia personal del ejercicio del magisterio. Algún maestro se refiere a *comenzar el enriquecimiento espiri-*

---

7. GÓMEZ BUENDÍA, Op. cit., p. 80.

tual, y otro habla de *la realización personal y profesional* y de las *satisfacciones y desilusiones*, concluyendo que ha escogido *la profesión acertada*. Según estos textos, el significado de ser maestro se traduce en una opinión, derivada de lo empírico y carente de una elaboración conceptual o reflexión teórica acerca del hecho de ejercer el magisterio. En estos textos se da prioridad al sentido práctico de la tarea docente y a la propia experiencia concreta, sin la mediación de un discurso pedagógico sobre el tema, y sin abrir la posibilidad hacia un proceso de generalización. Es otra forma como algunos maestros dan significado a su quehacer.

9
"Ser amiga, guía, modelo de mis alumnas".

(Inés Bautista, Profesora de Sociales)

10
"Es una profesión de alto riesgo, ya que en sus manos está el futuro de una nación. Acompañar en el proceso de formación integral como función a desempeñar es de gran responsabilidad. El maestro es una persona que debe tener un equilibrio entre el saber de su área y los demás saberes y una formación en psicología del niño, aprendizaje, enseñanza y pedagogía".

(Orlando Gómez, Coordinador Académico)

11
"Considerar que es una profesión noble y enriquecedora en todo sentido. Pues me aporta el crecimiento netamente personal y el que adquiero transmitido por cada uno de mis alumnos y compañeros docentes.

Además es una profesión que si es por "vocación" tiene un alto contenido de servicio a la comunidad". (El subrayado es de la autora del texto).

(Bertha Suárez, Rectora)

12

"Es estar realizando algo para lo que fui escogida y que me agrada. Sentirme en lo que me corresponde, con una tarea de privilegio: orientar, guiar a una comunidad; aprender mucho de cada persona, pero también con una tarea de alta responsabilidad y que se torna cada día más difícil".

(Esther Herrera, Directora).

13

"Ser maestro es guiar, formar en el individuo una persona de una calidad humana y moral capaz de transmitir a los demás sus sentimientos antes de transmitir conocimientos".

(Berenice Cubillos, Profesora de básica primaria)

14

"Para mí ser maestra es ser algo muy importante en la vida porque esta abnegada profesión lo hace ser amigo, orientador, guía, facilitador, líder de sí mismo, de los niños y de la comunidad en general.
Ser maestra me compromete a asumir una gran responsabilidad ante una comunidad educativa. Me gusta ser maestra, amo mi trabajo y me siento a gusto con los niños".
(A., Profesora de básica primaria)

15

"Significa la posibilidad de afectar o variar en alguna medida, las condiciones en que se encuentran los niños; a la vez que yo voy siendo afectada o modificada por las experiencias y condiciones de ellos.
Es ser factor de cambio.
Es ser hombro para los dolores y llantos de una población que refleja toda la crisis que vive esta sociedad y de la cual son las mayores víctimas".

(Yaneth Martínez, Profesora de Matemáticas)

16

"Para mí ser maestro/a es ser educador. El ser educador es hacer llegar a mis estudiantes en forma clara todo lo que hay en mí: mis conocimientos, mis sentimientos y afectos como persona, brindarles el apoyo, confianza, para que se sientan en un ambiente excelente de trabajo".

(Stella Rodríguez, Profesora de Matemáticas)

17

"Para mí ser maestra significa ser una persona con actitud de servicio a la comunidad, con unas calidades humanas que hagan del proceso educativo un hecho de la misma naturaleza.
Que sea un guía —un orientador— un dinamizador de los procesos. Que tenga una mentalidad abierta a los cambios, que respete la opinión de los demás, tenga en cuenta las diferencias individuales, que sea capaz de generar procesos democráticos a través del diálogo, la conciliación.

Que acepte tener errores en un momento dado y que de ellos aprenda. Que entienda que también está en proceso de formación y que el conocimiento se puede construir de manera colectiva. Que en una organización o institución, en vez de entrabar los procesos los facilite. Que obre en una institución no por caprichos personales sino atendiendo a políticas de la misma institución. Que tenga en cuenta que el hecho educativo es más un <u>acto de amor</u>". (El subrayado es de la autora del texto).

(Inés Cuadros, Rectora)

18

"Máxima responsabilidad pues de ello depende, en gran medida, la formación de las personas que van a conformar y orientar a las familias cuyo papel es decisivo en el mejoramiento de una sociedad.
Del maestro depende, en muchos casos, que "ese ser" (las comillas son de la autora del texto) *sea exitoso o desgraciado.*
A mí personalmente me preocupa cuando insistimos tanto en lo académico y descuidamos la parte humana. Creo ante todo que el estudiante debe ser feliz en la institución y compensar así las dificultades que a diario vive en casa, en el barrio, en el país".

(Cecilia Cortés, Coordinadora Académica)

19

"Ser maestra significa dar todo de mí misma, pero en especial, amor.
La parte humana no puede ir desligada del aspecto intelectual.

Si fallo en la parte pedagógica, el problema tiene solución a corto, mediano o largo plazo. Pero si fallo en la parte afectiva, el daño que causo a mis alumnos no tiene remedio. Es como cuando un médico se equivoca en una operación del corazón. El daño es irreversible".

(Profesora de básica primaria)

Con base en el planteamiento de Umberto Eco, se hará una aproximación a los textos señalados con los números 9 a *19*.

Estos textos guardan estrecha relación, en cuanto a los contenidos ideológicos, los cuales están plasmados en expresiones claves para detectar sesgos sobre el significado de ser maestro/maestra. Vemos, por ejemplo, cómo este significado está asociado a *ser modelo de mis alumnas; profesión de alto riesgo; profesión noble que tiene un alto contenido de servicio a la comunidad; una tarea de privilegio; capaz de transmitir a los demás sus sentimientos antes de transmitir conocimientos; esta abnegada profesión; es ser hombro para los dolores y llantos; ser amiga de mis alumnas; hacer llegar a mis estudiantes en forma clara todo lo que hay en mí: mis sentimientos y afectos como persona; que en vez de entrabar los procesos los facilite; un acto de amor; compensar las dificultades que a diario vive en casa, en el barrio, en el país; dar todo de mí, pero en especial, amor; si es por vocación tiene un alto contenido de servicio a la comunidad.*

La concepción del magisterio, vista desde el punto de vista reflejado en los ejemplos anteriores, es vasta y, al parecer, no tiene fronteras en cuanto a responsabilidad profesional hace referencia.

Veamos: Ser *modelo* comporta la idea del arquetipo que se debe imitar o reproducir. Es, por tanto, un esquema de cualidades y virtudes que hace de la figura del maestro y de su tarea diaria una utopía. A la vez que podría estar insinuando la imagen del buen ejemplo, también podría hacer referencia al hecho de privilegiar obsoletos hábitos de formación para la reproducción de patrones, en contra de principios sobre la libertad, el desarrollo personal de los estudiantes como individuos y la creatividad.

En cuanto al concepto de comportarse como "ejemplo", se podría trasladar este punto de vista, con miras a ampliar su radio de acción, a la perspectiva planteada en la obra *La educación encierra un tesoro*. En este libro se habla de "la gran fuerza de los docentes" como "el ejemplo que dan al manifestar su curiosidad y su apertura de espíritu y al mostrarse dispuestos a someter a la prueba de los hechos sus hipótesis e incluso a reconocer sus errores. Su cometido es ante todo el de transmitir la afición al estudio". Según este planteamiento, los docentes "desempeñan un papel determinante en la formación de actitudes –positivas o negativas– con respecto al estudio. Ellos son los que deben despertar la curiosidad, desarrollar la autonomía, fomentar el rigor intelectual y crear las condiciones necesarias para el éxito de la enseñanza formal y la educación permanente"[8].

En alguna medida, esta idea del "modelo" tiene algo que ver con planteamientos de Fernando de Azevedo, quien se refiere a este tema de la siguiente manera: "Pero si la transmisión de los valores espirituales, mediante la palabra y el ejemplo, es

---

8. DELORS, Op. cit.. p. 166.

función específica del educador, lo que en definitiva transmite a los demás, es lo que le pertenece, es decir, la herencia social acumulada y adaptada a sus propias disposiciones, y ninguno se comunica a sí mismo sino por el amor y la comprensión"[9].

Quizás, la visión de los maestros que han escrito los textos esté más emparentada con el punto de vista de Fernando Savater: "Si no es el educador el que le ofrece el modelo racionalmente adecuado, el niño no crecerá sin modelos sino que se identificará con los que le propone la televisión, la malicia popular o la brutalidad callejera, por lo común exaltados desde el lujo depredador o la mera fuerza bruta"[10].

Hablar del magisterio como una *profesión de alto riesgo*, tiene una connotación de carácter socio-político, aunque en el texto únicamente se relacione de manera general con el *futuro de una nación*. El denominado *alto riesgo* suele llevar implícito el sentido de exponer la vida y de enfrentar peligro inminente. Podría inferirse que existe una homologación de los conceptos de responsabilidad y riesgo, dada la gran magnitud del trabajo docente en la tarea que tiene que ver con la llamada por los maestros *formación integral*.

El calificativo de *abnegada* para la profesión del magisterio, tiene la connotación de sacrificio. Este concepto sobre el significado de ser maestro posee una carga ideológica con posibles antecedentes históricos y culturales desde el mismo término *sacrificio*, que trae implícito el sentido de ofrenda, renuncia o desprendimiento, y en algunos casos, castigo.

---

9. DE AZEVEDO, Fernando (1976): *Sociología de la educación.* México D.F. Fondo de Cultura Económica, p. 138.

10. SAVATER (1997), Op. cit., pág. 96.

Cuando literalmente se subraya la palabra *vocación*, para referirse a la profesión docente, aparte del énfasis que se le da a este concepto, se le está imprimiendo un matiz ideológico que tiene en sí mismo el sentido del término, de acuerdo con el diccionario: *llamado, convocación, inspiración.* Desde esta óptica, ¿ser maestro significa que se está respondiendo a un llamado externo, a un efecto sobrenatural ajeno a la propia voluntad? En este contexto, ¿dónde quedaría la formación académica, la elección voluntaria de la profesión con base en criterios y expectativas, y el proyecto de desempeño en un campo laboral? ¿Cómo se podría articular una profesión con una vocación?

En este sentido de la formación, en la obra *Educación. La agenda del siglo XXI,* se hace referencia al nuevo papel del maestro como "mediador del conocimiento y forjador de personalidades", y se anotan una serie de competencias necesarias en el contexto del desarrollo de la llamada "responsabilidad profesional": Dichas competencias son: "Comunicar un saber; leer, interpretar y atender las necesidades de aprendizaje de niños y jóvenes; responder a las demandas del entorno; adaptar e innovar en búsqueda del mejor resultado; mantenerse actualizado en la teoría y metodología de la enseñanza". A su vez, enfatiza sobre la necesidad de tener en cuenta los principios del "aprendizaje activo, la formación crítica, la creatividad, el trabajo en grupo o la resolución de problemas", como "instrumentos para la verdadera profesionalización del magisterio", antes que "rótulos para justificar el credencialismo"[11].

---

11. GÓMEZ BUENDÍA, Op. cit., p. 253, 257.

Se observa, también, en varios textos *(9 a 19)*, el énfasis que se da a la gran responsabilidad del maestro frente a los niños y adolescentes: *orientar y guiar a una comunidad; formar en el individuo una persona de una calidad humana y moral; afectar o variar en alguna medida, las condiciones en que se encuentran los niños; factor de cambio; la formación de las personas que van a conformar y orientar a las familias cuyo papel es decisivo en el mejoramiento de una sociedad; del maestro depende, en muchos casos, que ese ser sea exitoso o desgraciado.*

A través del contenido de estos textos se advierte la idea de que el maestro se siente responsable de la formación general y total de sus estudiantes y poco o nada considera el papel que cumple la familia en este proceso. Al respecto, existen diversos puntos de vista. De un lado, está la inclinación a admitir que la escuela no puede suplir el rol de la familia, ni el maestro el de los padres. Otros, opinan lo contrario, sobre todo, tratándose de ambientes familiares difíciles y condiciones particulares de abandono y falta de afecto hacia los niños.

En este campo, por ejemplo, Savater habla de la "actual tarea de la escuela" que "resulta doblemente complicada. Por una parte, tiene que encargarse de muchos elementos de formación básica de la conciencia social y moral de los niños que antes eran responsabilidad de la socialización primaria llevada a cabo en el seno de la familia"[12].

La posición de Piaget resulta diferente, en razón de que se refiere al provecho que se le puede sacar a la colaboración

---

12. SAVATER (1997), Op. cit., p. 72.

entre la escuela y la familia, "para las dos partes en juego", ya que se llegaría "hasta una distribución de responsabilidades". Afirma Piaget que "una relación estrecha y permanente entre padres y maestros conduce a mucho más que a una mutua información: estos intercambios conducen a una ayuda recíproca, y a menudo a una mejora real de los métodos"[13].

En concordancia con esta visión piagetana, se halla, en gran medida, el planteamiento de Thomas Kellaghan, incluido en el libro *Educación. La agenda del siglo XXI.* Haciendo referencia a "la contribución de la familia al aprendizaje escolar", Kellaghan asocia el rendimiento en la escuela con el ambiente familiar que satisfaga necesidades intelectuales y emocionales de los niños, lo cual, según el autor mencionado, es independiente del "origen social y la estructura familiar". Haciendo alusión a "estudios recientes", concluye que "las principales variables del ambiente familiar identificadas como importantes para explicar diferencias en el logro escolar incluyen: el ambiente familiar de aprendizaje, el apoyo de los padres al progreso académico de sus hijos, los estilos de comunicación y los valores y creencias de los padres"[14].

En otros textos escritos por los maestros, se privilegia en el ejercicio del magisterio, la expresión de sentimientos sobre la responsabilidad que tiene el maestro frente a la divulgación y construcción de conocimiento. Se subraya la importancia de ciertas calidades personales como entablar amistad con los alumnos y construir una relación sobre la base del afecto. Quedan interrogantes sobre el lugar que ocupa en esta concep-

---

13. PIAGET, Op. cit., p. 40.

14. GÓMEZ BUENDÍA, Op. cit., p. 204.

ción el saber pedagógico, la ausencia del tema del dominio de conocimiento por parte del maestro y el especial énfasis que se da a la idea del maestro como "paño de lágrimas" *(ser hombro para los dolores y llantos; compensar las dificultades que a diario viven* los alumnos *en casa, en el barrio, en el país).*

En este caso, al igual que en los ejemplos de párrafos anteriores, se estaría ubicando en un contexto particularmente subjetivo el significado de ser maestro, a la vez que se estaría diluyendo un aspecto esencial del sentido de la profesión docente: aquel que está relacionado directamente con la producción y desarrollo del conocimiento.

En este tópico es muy clara la posición de Edgar Faure, cuando habla de la relación maestro/alumno. Para Faure, "cada vez constituye un abuso mayor del término dar al enseñante el nombre de maestro, cualquiera que sea el sentido que se le dé a la palabra entre sus múltiples acepciones". El autor hace referencia al "enseñante" y a su papel de "despertar el pensamiento", más que "inculcar conocimientos", para "dedicar más tiempo y energías a las actividades productivas y creadoras: interacción, discusión, animación, comprensión y estímulo"[15].

De otra parte, en cuanto a las denominadas por Umberto Eco "relaciones entre sus diferentes niveles" y la "posibilidad de "descomposición en relaciones", se observa en algunos de los textos objeto de análisis en este segundo grupo, que se utiliza el encadenamiento de oraciones para explicar el concepto de ser maestro, aludiendo a distintas facetas del hecho en sí y es-

---

15. FAURE, Op. cit., p. 142.

tableciendo relaciones entre cada elemento del texto, alrededor de la explicación del significado de ser maestro.

Así vemos como en el ejemplo 10, se abre el texto con una opinión sobre la profesión docente, para pasar luego a presentar como función del ejercicio del magisterio, el acompañamiento en el proceso de formación integral y terminar el texto con una caracterización general del maestro. De tal manera que la estructura de este texto está concebida como la articulación de tres aspectos vinculados a la profesión docente; aspectos diferentes, pero relacionados en el texto alrededor del tema del significado de ser maestro: la profesión, la función y el deber ser del maestro.

Otra forma de articular diferentes elementos en el texto, a través de las relaciones entre sus componentes, la podemos apreciar en el ejemplo 12, en el cual el empleo de la primera persona remite a la proyección del significado de ser maestro desde la experiencia personal, en cuanto al sentimiento que suscita la práctica docente *("... algo... que me agrada... sentirme en lo que me corresponde")*. En este caso, las relaciones entre los componentes del texto están mediadas por el uso de la primera persona en todos los planos de la acción docente aludidos por la autora del escrito: realización, correspondencia, orientación, aprendizaje, responsabilidad, dificultad.

En el texto señalado con el número 17, las relaciones están dadas por la combinación de la que aparentemente parece ser una visión personal *("Para mí...)*, con la alusión a una serie de actitudes o comportamientos que podrían estar indicando lo que desde la visión y experiencia de un directivo, debe cambiar en el maestro *("Que sea... que tenga... que acepte... que entienda... que facilite... que obre...")*. Se hace más evidente la posición de señalamiento de la autora del texto, en aquellos

apartes donde se presenta el contraste entre dos comporta-
mientos *("Que en vez de entrabar los procesos, los facilite. Que obre en una institución no por caprichos personales sino atendiendo a políticas de la misma institución")*.

Según el ejemplo citado en el párrafo anterior, la perspectiva del directivo docente frente al significado de ser maestro, se ubica en el contraste de situaciones, donde se intercala una tácita denuncia con el "deber ser", referido este último tam-bién al *hecho educativo,* al cual se le califica como un *acto de amor.* En este sentido, en principio, hay coincidencia con la concepción de Paulo Freire sobre la educación como "un acto de amor, por tanto, un acto de valor". Siendo así, "no puede temer el debate, el análisis de la realidad; no puede huir de la discusión creadora, bajo pena de ser una farsa"[16].

19
"-Mi realización profesional y personal.
-Disfruto siendo maestra, creo que en este momento si me preguntaran qué otra actividad me gustaría reali-zar no dudaría en afirmar que sólo desearía continuar siendo maestra".

(María Consuelo Camacho, Profesora de Español)

20
"Ser guía y modelo de un grupo que se me ha enco-mendado".

(Elsy Sierra, Orientadora)

---

16. FREIRE, Op. cit., p. 92.

188

21
"Valores, actitudes y conductas".

(Rafael Córdoba, Profesor de Sociales)

22
"Mi realización como persona".

(Nubia P., Profesora de Religión, Ética y Valores
Humanos)

Los textos señalados con los números *19* al *22*, se mirarán a la luz de los planteamientos de van Dijk sobre la estilística textual.

Hablando de las "características particulares de un estilo concreto", vemos en los tres últimos textos cómo se responde a la pregunta *¿Qué significa ser maestro/a?*, de una manera escueta. El concepto se restringe a la realización personal, a la actitud frente a un grupo específico y a la nominación en serie, un tanto ambigua.

La elección hecha por dos maestras apunta a la realización como persona. Los textos indican, por tanto, que ser maestras hace referencia a una meta o un resultado, al contrario de lo que podría estar connotando el texto que hace referencia a ser *guía, modelo,* o el que menciona los *valores, actitudes, conductas,* a partir de cuyo contenido se podría inferir que ya llevan implícito el sentido de proceso.

Muy posiblemente, ante la consideración de lo obvio en la respuesta al interrogante *¿qué significa ser maestro?*, los cuatro últimos textos carecen de explicaciones, son taxativos y denotan síntesis en la concepción del sentido del magisterio.

De alguna manera, en varios de los textos estudiados (*1* a *22*), se refleja la posición de los maestros frente a la dicotomía instruir/enseñar, esto es, se da prelación a la formación, en el sentido de tener plena conciencia de la importancia de que "educar no es ciertamente sinónimo de instruir", ya que "la educación se apodera de toda la vida". Según su concepto sobre el significado del ejercicio del magisterio, estos maestros estarían lejos de identificarse con la situación descrita por Fernando De Azevedo como "la diversificación de los grupos profesionales" y "la complicación del sistema educativo" que "multiplican en la enseñanza los cuadros de profesores cada vez más especializados que, aun cuando llegan a poseer a fondo una parte del conocimiento, pierden de vista sus relaciones espirituales y, con ellas, esa unidad orgánica, la conciencia de la obra total de la educación de la que sólo ven los aspectos afines a su especialidad"[17].

Este mismo aspecto es tratado por Savater, desde otro ángulo: "El profesor no sólo, ni quizá principalmente, enseña con sus meros conocimientos científicos, sino con el arte persuasivo de su ascendiente sobre quienes le atienden: debe ser capaz de seducir, sin hipnotizar"[18].

Para terminar, se abre la puerta al debate, alrededor del interrogante que surge del contenido de los textos *(1 a 22)*: ¿Por qué en la mayoría de los textos presentados como ejemplos, a través de los cuales se respondió la pregunta *¿qué significa ser maestro?*, no es explícito un planteamiento fundamental en el cual coinciden la Comisión Internacional sobre la edu-

---

17. DE AZEVEDO, Op. cit., p. 140-141.

18. SAVATER (1997), Op. cit., p. 111.

cación para el siglo XXI, presidida por Jacques Delors y los integrantes de la Misión Ciencia, Educación y Desarrollo?

Se trata, por un lado, de la necesidad de la participación del cuerpo docente como garantía para obtener resultados positivos en toda reforma, ante lo cual se recomienda "que se preste una atención prioritaria a la situación social, cultural y material de los educadores"[19].

Por otro lado, se expresa la relación entre los intentos de mejorar la educación con "el estatus, el desempeño, la formación, las organizaciones y movimientos de los maestros"[20].

EL DEBER SER DEL CONSEJO ACADÉMICO

El concepto de Consejo Académico y su funcionamiento se deben considerar, por lo menos, desde seis perspectivas, a saber: legal, metodológica, pedagógica, epistemológica, semiótica y ética. Estas perspectivas pueden ser traducidas en campos de trabajo, como se verá más adelante.

En cuanto a lo legal, en Colombia, la Ley 115 de 1994 (Ley General de Educación), en su artículo 142, ubica al Consejo Académico como parte del Gobierno Escolar, junto con el Rector y el Consejo Directivo.

---

19. DELORS, Op. Cit., p. 30.

20. MISIÓN CIENCIA, EDUCACIÓN Y DESARROLLO, Op. cit., p. 154.

En esta Ley, se anotan como objetivos de las reuniones periódicas del Consejo Académico, los siguientes:

• El estudio, modificación y ajustes al currículo.
• La organización del plan de estudios.
• La evaluación anual e institucional.

El Decreto 1860 de 1994, reglamentario de la Ley General de Educación, especifica las funciones del Consejo Académico:

• Servir de órgano consultor del Consejo Directivo en la revisión de la propuesta del proyecto educativo institucional.

• Estudiar el currículo y propiciar su continuo mejoramiento, introduciendo las modificaciones y ajustes.

• Organizar el plan de estudios y orientar su ejecución.

• Participar en la evaluación institucional anual.

• Integrar los consejos de docentes para la evaluación periódica del rendimiento de los educandos y para la promoción, asignarles sus funciones y supervisar el proceso general de evaluación.

• Recibir y decidir los reclamos de los alumnos sobre la evaluación educativa.

De lo anterior se desprende que el Consejo Académico es un órgano vital para la fortaleza del Proyecto Educativo Institucional –PEI–, en cuanto tiene que ver directamente con el currículo, el plan de estudios y la evaluación. En razón de lo expuesto en esta directriz de orden legal, se considera que

192

sobre estos tres aspectos ha de recaer la responsabilidad de dicho Consejo.

Se sugiere, entonces, que el Consejo Académico centre en los temas que subyacen a estos tres aspectos, toda la acción de su trabajo, para lo cual se hace indispensable el diseño, por parte de sus integrantes, de una estrategia que supere modelos convencionales de rutina, mecanización de procedimientos y poca profundización. Estas deben ser reemplazadas por verdaderos procesos de estudio y análisis, tendientes a la construcción de conocimiento, la propuesta de proyectos de innovación e investigación para ser desarrollados en la institución y la solución concertada de problemas de orden académico. El Consejo Académico en la institución educativa o en la localidad es el centro y motor del debate alrededor de la pedagogía, lo cual indica que su acción se centra en el discurso sobre la práctica pedagógica y todo lo que ésta conlleva.

La autonomía institucional en su relación con el funcionamiento del Consejo Académico, se basa en el dinamismo que caracterice a las reuniones periódicas de sus integrantes, en la profundidad con que se traten y desarrollen los diferentes temas académicos, en la seriedad de los procesos metodológicos empleados y en la productividad intelectual, esta última representada en propuestas novedosas, que sean pertinentes y ejerzan impacto en la comunidad educativa, no sólo por su originalidad, sino por la versatilidad de su sentido práctico. Su autoridad –base de la autonomía– como órgano del gobierno escolar para emitir conceptos y tomar decisiones, estará cifrada en el dinamismo, la profundidad, la seriedad y la productividad antes mencionados.

En este orden de ideas, la función del Consejo Académico, debe acatar el texto de la Ley, llegando al fondo de sus planteamientos, para lo cual articulará su énfasis pedagógico con la adopción de una propuesta metodológica, la construcción de conocimiento y la lectura crítica de todos los signos que tienen que ver con los factores académicos de la vida escolar. Todo esto, por supuesto, en el marco de una actitud ética frente al compromiso consigo mismo y con la comunidad educativa.

Veamos, por ejemplo, algunas de las expresiones tomadas de la norma: "Servir de órgano consultor... en la revisión...", "estudiar... introduciendo modificaciones y ajustes", "organizar... orientar su ejecución", "participar en...", "integrar... asignar... supervisar...", "decidir los reclamos...". Cada una de estas expresiones encierra un sentido específico que demanda una aplicación metodológica particular.

SERVIR COMO ÓRGANO CONSULTOR

En primer lugar, la palabra *órgano* nos remite a una parte del cuerpo que ejerce una función, y según el diccionario de la Real Academia Española, "medio o conducto que pone en comunicación dos cosas".

Siendo así, el Consejo Académico, como órgano, hace parte de "un cuerpo", que para el caso es el Gobierno Escolar, y cumple unas funciones específicas que le son propias y que se relacionan con las de otro órgano: el Consejo Directivo. Según esto, las relaciones entre los órganos del gobierno escolar son de interdependencia, aunque exista autonomía interna para darse su propio reglamento y tomar decisiones.

Por otro lado, al existir relaciones de interdependencia, la comunicación se hace estrictamente necesaria, con el fin de intercambiar puntos de vista, establecer pautas de acción y unificar criterios, pero manteniendo cada Consejo su propia identidad y evitando la superposición de funciones, para no causar interferencias o extralimitarse. El logro de este clima de comunciación, armonía y eficiencia se basa, primordialmente, en la calidad de la gestión del rector o rectora de la institución.

Sale aquí a flote la otra parte de la expresión tomada del texto de la ley: órgano *consultor*, esto es, "que da su parecer, consultado sobre algún asunto".

En razón de lo expuesto anteriormente, *servir de órgano consultor*, comporta una serie de significados relacionados con *ser parte de* (no es del todo independiente, debe actuar en beneficio de un PEI específico y su autonomía está relacionada, por supuesto, con los límites establecidos por las normas legales y por el contexto de la institución y la comunidad a las cuales pertenece); *cumplir una función* (el deber ser de su constitución estriba en su funcionalidad, lo cual le da carácter operativo a su existencia); *establecer comunicación* (no es un ente que decida a "puerta cerrada", sino en apertura, con posibilidad, si se ve necesario, de sesiones ampliadas, para contar con más "voces"); *emitir conceptos* (lo cual da la idea de un perfil específico para sus integrantes, autoridad moral y pedagógica para presentar planteamientos y reconocido criterio frente al hecho educativo).

La connotación planteada en el párrafo anterior ha de manejarse igual para Consejos Académicos institucionales o locales, en razón de que el impacto de su acción es similar. Hacer parte de un cuerpo implica que no propiciar la comunicación u obstaculizarla, dejar de cumplir las propias funciones, o mostrar debilidades teóricas o éticas frente a la emisión de conceptos, se traduce en desequilibrio para las instituciones, con su consecuente influencia negativa en el desarrollo de los procesos.

Al *servir de órgano consultor,* el Consejo Académico fundamentalmente circunscribe su radio de acción a la "revisión de la propuesta del proyecto educativo institucional". Revisar implica "ver con atención y cuidado" o "someter a examen para corregir, enmendar o reparar".

El centro de la acción del Consejo Académico es el Proyecto Educativo Institucional —PEI— en su conjunto, como razón de ser de la institución, como pilar del funcionamiento de la misma y como eje del trabajo escolar. No podrá ser consultor del Consejo Directivo en esta materia, si no conoce y maneja cada uno de los componentes del proyecto educativo institucional, teniendo un sólido marco de referencia y una perspectiva clara de la relación de este proyecto con el cumplimiento de los fines de la educación definidos por la Ley y con modernos criterios de gestión administrativa y académica en las instituciones educativas.

ESTUDIAR EL CURRÍCULO

El verbo *estudiar* lleva implícito en su significado el de otros verbos como comprender, aprender, examinar. En otras palabras, el currículo se convierte en objeto de análisis de los integrantes del Consejo Académico, con el fin de "propiciar su continuo mejoramiento, introduciendo las modificaciones y ajustes...".

No se trata, entonces, de convocar a reuniones del Consejo Académico sólo cuando hay problemas de orden académico en la institución o cuando se necesita resolver reclamos presentados por los estudiantes. Ya muy explícitamente lo dice la Ley General de Educación, cuando anota cuatro objetivos de las reuniones periódicas de este Consejo, incluyendo aquel que se refiere a "todas las funciones que atañen a la buena marcha de la institución educativa".

En esta función que contiene el estudio del currículo, están involucrados el diseño, la investigación, la innovación y la evaluación. Se requiere, por tanto, de una planeación de las acciones de este Consejo, que proyecte su función a la construcción de conocimiento alrededor del tema del currículo y la consecuente producción intelectual que esto comporta.

A su vez, mejorar, modificar y hacer ajustes, son acciones que exigen mucha responsabilidad, porque se tienen que ajustar a "las características propias del medio cultural donde el currículo se aplica" y a la permanente actualización en materia de teorías pedagógicas, enfoques metodológicos y corrientes del pensamiento.

ORGANIZAR EL PLAN DE ESTUDIOS Y ORIENTAR SU EJECUCIÓN

La disposición de las cosas en un orden, para lograr unos determinados fines, es una de las facetas de lo que conocemos como *organización*.

Quiere decir esto que organizar el plan de estudios requiere del manejo de criterios claros alrededor de lo expuesto por la Ley, en lo que tiene que ver con el establecimiento de relaciones entre "las diferentes áreas con las asignaturas y con los proyectos pedagógicos".

Dichos criterios deben hacerse explícitos, teniendo en cuenta no sólo el carácter de su formulación (pedagógico, epistemológico, psicológico, social, cultural, político, u otros), sino también las orientaciones claras para ser traducidos en "actividades pedagógicas", con una racional y productiva "distribución del tiempo y las secuencias del proceso educativo", el diseño de la "metodología" y la determinación de logros y propuestas de evaluación.

Lo anterior deja entrever que los proyectos pedagógicos no se formulan de manera aislada del desarrollo de las áreas y asignaturas, ni se llevan a cabo en las instituciones sólo como una forma de cumplir un mandato expreso en las normas legales. Tanto las asignaturas, como los proyectos, constituyen el alma del plan de estudios, no como hechos separados que se dan en forma paralela, sino como experiencias de la vida educativa que se relacionan y guardan mutua, sana y necesaria dependencia.

Participar en la evaluación institucional anual

Tomar parte y compartir, son expresiones directamente relacionadas con el verbo *participar,* lo cual implica que el Consejo Académico debe involucrarse de lleno en el proceso de evaluación institucional anual.

Además de los criterios expuestos en el capítulo 2 de este libro, en relación con el tema de la *autoevaluación institucional,* la participación del Consejo Académico es clave en este proceso, en el sentido de ejercer liderazgo en materia de diseño y validación de instrumentos, tabulación y análisis de resultados, planteamiento de conclusiones y propuestas de mejoramiento, detección de problemas y presentación de alternativas de solución relacionadas con el currículo, el plan de estudios y la evaluación.

Se centra esta función en "la evaluación periódica del rendimiento de los educandos", lo cual implica que los consejos de docentes que analizan situaciones concretas relacionadas con procesos académicos y sus productos, no actúan aisladamente del Consejo Académico, sino bajo su dirección y con su participación, ya que *integrar* puede ser considerado en sus dos acepciones: Constituir (el consejo de docentes, con base en unos criterios previamente establecidos) e incorporarse (unirse a este consejo de docentes).

Además, el Consejo Académico debe "asignar funciones", esto es, fijar o señalar las funciones al consejo de docentes y "supervisar el proceso general de evaluación", lo cual incluye, por supuesto, ejercer una inspección y control sobre el desarrollo de las sesiones de los docentes agrupados en este consejo, los fundamentos que tienen en cuenta para el estudio de cada caso, el tipo de análisis que aplican y los criterios que esgrimen para la toma de decisiones. Todo esto, en el marco del PEI, particularmente en lo que tiene que ver con dos de los temas que nos han ocupado hasta ahora en este capítulo: currículo y plan de estudios.

DECIDIR LOS RECLAMOS DE LOS ALUMNOS SOBRE LA EVALUACIÓN EDUCATIVA

El Diccionario de la Real Academia Española, se refiere al significado del verbo *decidir* como "formar juicio definitivo", "resolver", "tomar determinación".

Quiere decir lo anterior que la función de decidir involucra una serie de acciones que van desde la lectura de un "reclamo", su interpretación, la confrontación de los diferentes aspectos que comporta el caso con la propuesta de evaluación contenida en el PEI, y si es necesario, llegar a la determinación de ajustes que requiera dicha propuesta, en materia de actualización o superación de deficiencias.

Lo anterior no excluye la necesidad de contar con la participación de quien expone el reclamo y las demás personas que estén directamente vinculadas al caso, porque se trata, como se ha dicho, de formarse un juicio, para llegar a tomar una determinación que afectará a los miembros de una institución, a los procesos académicos y a la instancia de la autoridad, esta última entendida no en su dimensión de verticalidad, sino como concepto de dirección y liderazgo, basados en la seriedad, rigurosidad y justicia de los procesos que tienen lugar antes y después de la presentación por parte del estudiante, del reclamo al que se ha hecho referencia en este punto.

Aparte de las consideraciones planteadas sobre cada una de las funciones analizadas, se hace hincapié en las llamadas *comisiones de promoción y evaluación,* que según lo establecido por la norma legal, deben ser conformadas por el Consejo Académico "con el fin de analizar los casos persistentes de superación o insuficiencia en la consecución de los logros", lo cual implica que los integrantes de este Consejo Académico "dan forma" a grupos de "un número plural de docentes" que "prescribirán las actividades pedagógicas complementarias y necesarias para superar las deficiencias" o determinarán la reprobación de un estudiante, en los casos establecidos por la Ley. Por supuesto que el concepto de "dar forma" no se restringe a la ejecución de una acción pasiva y limitada a la conformación de unas comisiones de promoción y evaluación, sino que se debe extender a la confrontación de la calidad, efectividad e impacto de los procesos adelantados por los miembros de estas comisiones.

OTRAS PERSPECTIVAS DE ACCIÓN O CAMPOS DE TRABAJO DEL CONSEJO ACADÉMICO

Como se puede advertir, los objetivos y funciones del Consejo Académico no se pueden tomar a la ligera, ya que, según lo explicado en párrafos anteriores apuntan, al menos, a directrices relacionadas con cinco campos, aparte del legal: el metodológico, el pedagógico, el epistemológico, el semiótico y el ético.

En cuanto al primer campo, el metodológico, se resalta que el Consejo Académico, como se ha visto, debe centrar su acción en principios metodológicos de estudio (rastreos bibliográficos, análisis, confrontaciones, debates, tertulias), trabajo en equipo y producción de documentos (textos escritos, audiovisuales, hipertextos, otros).

El marco de trabajo del Consejo Académico será el señalado por las necesidades de investigación e innovación que demande el PEI, lo cual implica que dentro de su connatural compromiso de contribuir al mejoramiento institucional y aportar a la calidad de la educación, el Consejo Académico debe abrirse su propio espacio para la investigación y favorecer y asesorar el desarrollo de innovaciones en la institución educativa.

En lo referente al campo pedagógico, el Consejo Académico tiene la responsabilidad de contrastar modelos de enseñanza y de aprendizaje, analizar procesos de construcción de conocimiento en las diferentes áreas, llevar a cabo una valoración de experiencias en el campo del currículo, el plan de estudios y la evaluación y considerar factores socioculturales asociados al desarrollo académico, entre otros. En este sentido, no se admiten actitudes poco críticas, porque ahondar en materia de lo pedagógico exige tomar posición, fundamentarla, presentar argumentos y proyectarse hacia la práctica educativa, en un constante fluir de saber pedagógico que todos los integrantes del Consejo Académico deben manejar con propiedad.

En el campo epistemológico, la construcción de conocimiento será el centro del trabajo del Consejo Académico, en tanto su acción frente al currículo, el plan de estudios y la evaluación, le exige producción teórica, para hacer modificaciones y ajustes, así como también para organizar procesos académicos y orientar su ejecución.

En cuanto al campo semiótico, el Consejo Académico se ocupará de la lectura de los signos que en el contexto social, cultural y político de la escuela, son indicadores de desarrollo de procesos académicos, de prácticas de aprehensión o construcción de conocimiento, o de concepciones sobre currículo o evaluación. Estas lecturas de lo cotidiano y de lo inusitado serán el punto de partida para generar debates como acciones o requisitos fundamentales en toda confrontación de ideas, con miras a la producción de propuestas novedosas.

En cuanto a la ética, resulta obvio que ante las grandes responsabilidades que le han sido conferidas al Consejo Académico, la actitud de todos y cada uno de sus integrantes debe ser no sólo de transparencia profesional, sino también de serio compromiso, demostrando en su conducta pública valores de justicia, verdad y solidaridad como educadores.

Para terminar, se dirá que la evaluación de la gestión de un Consejo Académico, bien sea institucional o local, tendrá en cuenta su liderazgo académico, visto desde las seis perspectivas (campos de trabajo) ya anotadas, así:

• Oportunidad en el cumplimiento de las funciones señaladas en las normas legales.

• Forma como se han aplicado principios metodológicos de estudio, trabajo en equipo, producción de documentos y, en general, investigación e innovación.

• Calidad de la propuesta pedagógica presentada por el Consejo Académico.

• Manejo que se da desde el funcionamiento del Consejo Académico a los procesos de construcción de conocimiento, analizando la producción concreta en este sentido y su impacto a nivel institucional o local.

• Diversidad y riqueza de las lecturas de los diferentes signos que en la vida escolar se relacionan directa o indirectamente con los procesos académicos.

• Transparencia en los procesos, así como en los conceptos emitidos y decisiones adoptadas.

Para cada uno de los aspectos considerados en los campos de trabajo del Consejo Académico, se pueden proponer algunos indicadores de logro:

• Sobre la producción de documentos, su pertinencia, oportunidad y validez.

- Acerca de la propuesta pedagógica, se tomarán como indicadores su consistencia, relacionada ésta con los fundamentos y la argumentación de las tesis planteadas en documentos, además de la forma como se articula coherentemente la propuesta con los diferentes tópicos del PEI.

- En el campo de la construcción de conocimiento, se tomarán como indicadores de logro la originalidad, la posibilidad de generalización y la aplicabilidad en la institución.

- En cuanto a lectura semiótica, serán indicadores primordiales la capacidad de los integrantes del Consejo Académico para detectar, analizar y tomar medidas frente a aquellos signos que están relacionados con el desarrollo académico, particularmente en lo que tiene que ver con currículo, el plan de estudios y la evaluación.

- En lo que concierne a la transparencia de los procesos, se considerarán indicadores la claridad y validez de los criterios de justicia, verdad y solidaridad que sirven como marco de referencia.

Asimismo, cada uno de los indicadores se articulará a los objetivos previstos en la Ley General de Educación para las reuniones del Consejo Académico y a las funciones que le son establecidas en el Decreto 1860/94 y en otras normas legales, de la siguiente manera:

- La relación entre los temas tratados en los documentos generados por los integrantes del Consejo Académico y la propuesta pedagógica de dicho Consejo, con tendencias actuales en materia de diseño de currículo, plan de estudios y evaluación.

- La calidad y sentido práctico de los conceptos emitidos desde su función como órgano consultor.

- La profundidad en el análisis, reflejada en los documentos producidos por los integrantes del Consejo Académico, en materia de componentes del currículo, plan de estudios y evaluación, y la visión futurista que demuestren las propuestas contenidas en dichos documentos.

- La claridad y viabilidad de las orientaciones impartidas por dicho Consejo para la ejecución del plan de estudios.

- La participación creativa y crítica de los integrantes del Consejo Académico en la evaluación institucional anual, expresada en la organización y liderazgo de grupos de trabajo, el diseño y validación de instrumentos y la tabulación y análisis de la información, como base para la elaboración de propuestas y proyectos tendientes al mejoramiento institucional.

- La pertinencia de las funciones asignadas a los consejos de docentes, para la evaluación periódica del rendimiento de los estudiantes, así como la rigurosidad en el establecimiento de directrices de supervisión de este proceso general de evaluación.

- La oportunidad en la toma de decisiones frente a los reclamos de los alumnos sobre la evaluación educativa, el impacto positivo que estas decisiones generen en la comunidad y su credibilidad.

- La claridad en los criterios asumidos para la conformación de las comisiones de promoción y evaluación y la profundidad en la revisión que haga de los procesos adelantados por dichas comisiones.

- Finalmente, la evaluación de la gestión del Consejo Académico incluirá la flexibilidad para adaptar su dinámica de funcionamiento a modificaciones de las normas legales, que le afecten directamente.

Se hace énfasis en que los indicadores propuestos en páginas anteriores:

- Deben ser confrontados en la práctica con la observación y análisis de diversos tipos de organización académica existentes en la institución, así como con testimonios de personas o grupos de trabajo en la comunidad educativa.

- Se cotejarán con documentos (textos escritos, audiovisuales, hipertextos, otros) producidos por los integrantes del Consejo Académico y otros miembros de la institución educativa, y con procesos, productos y logros que reflejen el nivel de desarrollo académico de los estudiantes.

Por último, se subraya la necesidad de diseñar, validar y aplicar instrumentos para la evaluación (autoevaluación y heteroevaluación) de la gestión del Consejo Académico.

La construcción de conocimiento

En términos generales, al hablar sobre el tema de la construcción de conocimiento, se hace referencia primordialmente a algunas propuestas que remiten, entre otros factores, a los procesos cognitivos que rodean la producción del saber, es decir, toda una visión epistemológica que parte de principios de elaboración y producción de conocimiento sobre tendencias ya superadas de repetición mecánica de información.

No se trata aquí de quedarse en este inicial estadio de elaboración conceptual, como tampoco de profundizar en las diferentes tendencias del constructivismo. Por ello, se optará por una posición intermedia, en el sentido de dejar inquietudes sobre planteamientos destacados de algunas corrientes consideradas constructivistas que se han presentado desde hace más de dos décadas. Todo esto se proyectará al marco de acción de los Consejos Académicos institucionales o locales como centros de construcción de conocimiento.

Para ilustrar más concretamente este tema, se dirá, con Félix Bustos, que "el constructivismo constituye una propuesta sobre el análisis del conocimiento científico bastante compatible con las reflexiones de los cambios en el arte, la economía y el derrumbe de las metanarrativas o grandes ideologías, espíritu éste que algunos han querido ver como propio de la postmodernidad o de las fronteras de la crisis de la modernidad"[21].

Sobre este mismo tema se pronuncia Ricardo Lucio: "... el símil de la construcción no es más que un modelo con que se intenta explicar una realidad específica; la adquisición o producción del conocimiento (...). En este caso el modelo es válido, en la medida en que sirve para mejorar los procesos de instrucción, de apoyo al alumno en la producción de su propio conocimiento"[22].

---

21. BUSTOS COBOS, Félix. "Peligros del constructivismo". En: *Educación y cultura. Revista de la Federación Colombiana de Educadores - Fecode, No 34.* Bogotá D.C. (abril de 1994); p. 23.

A propósito de mejorar procesos, Rómulo Gallego-Badillo se refiere a dos concepciones opuestas sobre el aprendizaje. De una parte, la que habla del llamado aprendizaje acumulativo, "por transmisión directa de conocimientos", visión que da prioridad a "los elementos procedentes del exterior" y prescinde "prácticamente de la actividad interior del sujeto". De otra parte, explica cómo "la posición constructivista busca ayudar a desarrollar en el alumno los sistemas de pensamiento que le permitan plantearse problemas, discutir sus ideas, elaborar hipótesis, cometer errores y encontrar soluciones propias a problemas propios"[23].

Aprendizaje significativo

Para hablar de este tópico, se puede tomar como referencia la oposición que se ha establecido entre el aprendizaje netamente memorístico y aquel que se centra en la elaboración de conceptos. Aquí juegan papel importante los planteamientos de Ausubel quien hace un contraste entre la poca eficacia que representa para el aprendizaje la presencia de actividades de repetición mecánica, frente a situaciones realmente significativas de comprensión e interacción de conocimientos nuevos con los que ya se han adquirido.

22. LUCIO, Ricardo. "El enfoque constructivista en la educación". En: *Educación y Cultura. Revista de Fecode, No 34.* Bogotá D.C. (abril de 1994); pág. 12.

23. GALLEGO-BADILLO, Rómulo (1995). *Corrientes constructivistas. De los mapas conceptuales a la teoría de la transformación intelectual.* Magisterio. Santa Fe de Bogotá D.C., p. 123-124.

En este punto resulta interesante señalar lo siguiente: Para los integrantes de los Consejos Académicos de una institución o localidad, ¿qué grado de aceptabilidad tiene la idea de que ellos conforman un grupo de profesionales y académicos que deben perseguir, como una de sus metas fundamentales, el logro de un aprendizaje significativo permanente, y de qué manera sus "estructuras cognoscitivas" están en disposición de abrirle espacios al procesamiento de información, al manejo de proposiciones y conceptos, y a la elaboración de procesos?

Lo anterior debe tenerse en cuenta en el marco de la superación de tendencias que en no pocos casos han reducido el trabajo de muchos Consejos Académicos a dos actitudes: Aplicar mecánicamente propuestas pedagógicas que no se analizan previamente y sobre las cuales no se han desarrollado procesos de comprensión e intentar la solución de problemas sobre la base de uniformar procedimientos de manera repetitiva y ajena al pensamiento crítico.

Contrario a estas actitudes convencionales, el Consejo Académico puede optar por escoger entre la amplia gama de posibilidades de acción, de las cuales se destacan aquellas que hacen referencia al logro de un aprendizaje significativo y al verdadero desarrollo cognitivo.

En este sentido, los integrantes del Consejo Académico deben destacar en la institución, la necesidad de diseñar y desarrollar procesos, en el currículo, el plan de estudios y la evaluación, para "enseñar a aprender", ya que "aprender a conocer tiene una gran importancia; no se trata de acumular información, sino de buscar el significado de las cosas", es decir, "se trata de que la persona sea capaz de pensar, de interrogarse, de inquietarse, de tomar decisiones y de buscar la información relevante que necesite"[24].

DESARROLLO COGNITIVO

Tratándose de procesos de construcción de conocimiento, resulta pertinente hacer alusión a algunos de los planteamientos más importantes de la teoría psicológica y epistemológica de Jean Piaget.

En términos generales, Piaget anota cómo la construcción del conocimiento se realiza mediante la interacción con la realidad, a través de los procesos de asimilación y acomodación. El primero se refiere a la incorporación de nueva información en los esquemas cognoscitivos, y el segundo se relaciona con la transformación de la información anterior, por efecto de la nueva información que se ha asimilado.

En este sentido, para el quehacer del Consejo Académico se hace necesario recalcar que el conocimiento no es producto de una copia de la realidad, lo cual lleva a concluir que sus integrantes han de asumir una actividad constante de construcción, mediada por sucesivas elaboraciones. Siendo así, dicha actividad se traducirá en permanente interacción entre los procesos de asimilación y acomodación, para lograr un equilibrio.

24. YEPES PARRA, Antonio: "Significado de la educación. Atraso nacional". En: *Lecturas dominicales.* Periódico El Tiempo. Bogotá D.C., (13 de agosto de 2000); p. 7.

Lo expuesto en el párrafo anterior, trae implícita la consideración de que no se habla de almacenar información, sino de procesarla, en el sentido de relacionar la información nueva con la que ya se posee. Este proceso será más productivo, en tanto más ricos sean los saberes previos y los esquemas cognoscitivos de quien está construyendo conocimiento, para este caso, los integrantes de los Consejos Académicos. Estos no deben conformarse con las llamadas soluciones acabadas, sino por el contrario, aspirar a la producción de ideas novedosas, a la invención de soluciones y a la creación de procesos, con criterios interdisciplinarios, en medio de verdaderas actitudes de comprensión de los fenómenos que están relacionados con el objeto de acción de este Consejo, todo lo cual se desarrollará en el hecho de construir explicaciones sobre la propia práctica pedagógica, teniendo como base la formulación de hipótesis, la presentación de opciones y el diseño de modelos, entre otros.

Se trata, por lo tanto, de proceder sobre la base de construcciones conceptuales alrededor del currículo, el plan de estudios y la evaluación, abriendo de esta manera el camino hacia la investigación, como estrategia y, a la vez, como una de las metas del trabajo de los Consejos Académicos.

Este trabajo con énfasis investigativo, se puede llevar a la práctica adoptando los presupuestos de la teoría vygotskiana, en lo que hace referencia al desarrollo del hombre en los distintos contextos histórico-culturales en que se desenvuelve. Compartir experiencias, intercambiar ideas con otros y debatir puntos de vista en el grupo social al cual se pertenece -en este caso, una comunidad educativa- determina que para los integrantes del Consejo Académico de una institución o localidad, la construcción social del conocimiento sea una responsabilidad apremiante e ineludible, que se debe asumir con madurez profesional y con verdadero sentido del trabajo en equipo.

El análisis llevado a cabo por la supervisión de educación sobre el desarrollo de diversas sesiones de Consejos Académicos institucionales, demostró que sus integrantes llevan a cabo reuniones periódicas, con un manejo adecuado de la comunicación y trabajo mancomunado con los Consejos Directivos. Aunque en algunos casos existen intenciones de articular áreas académicas y se han elaborado documentos para la evaluación de los maestros y otros para implementar procesos pedagógicos, aún se hace evidente la necesidad de abrir espacios para:

* Elaborar un diagnóstico institucional en materia académica y diseñar un plan anual de trabajo.

* Apropiarse del Proyecto Educativo Institucional PEI.

* Asumir su responsabilidad como líderes de los procesos académicos institucionales.

* Fortalecer aspectos teóricos y hacer trabajo hermenéutico.

* Dar prioridad al trabajo de construcción de conocimiento sobre aquel que demanda sólo acciones de multiplicación de información.

* Diseñar y desarrollar proyectos de innovación e investigación.

* Sistematizar los resultados de experiencias pedagógicas institucionales.

- Divulgar los conocimientos adquiridos en eventos de carácter pedagógico, cultural u otros, teniendo en cuenta las instancias de: información, debate, elaboración de propuestas para ser aplicadas en la institución y seguimiento de las mismas.

- Producir documentos de carácter crítico y argumentativo.

- Articular aspectos académicos con otras instituciones.

Corresponde a los/las rectores/rectoras de las instituciones educativas dirigir la gestión del Consejo Académico hacia el logro de los fines de la educación. Sobre este último tema, Emilio Yunis ha expresado: "La educación cumple su cometido si se cubre primero el deseo natural de saber. Inherente al cerebro con el que nos dotó la evolución —el deseo natural de saber existe porque el cerebro existe—, que debe transformarse en voluntad de saber, que opera en un nivel de profundización, de manejo y elaboración de los conceptos y herramientas que hacen posible el alcance de otros niveles..."[25].

Acerca de este tema, también se ha pronunciado Edgar Morin: "Es muy diciente que la educación, que es la que tiende a comunicar los conocimientos, permanezca ciega ante lo que es el conocimiento, sus disposiciones, sus imperfecciones, sus dificultades, sus tendencias tanto al error como a la ilu-

---

25. YUNIS, Emilio: "Diagnóstico del país desde la ciencia. ¿Dónde estamos?" En: *Lecturas dominicales.* Periódico El Tiempo. Bogotá D.C., (23 de julio de 2000); p. 7.

sión y no se preocupe en absoluto por hacer conocer lo que es conocer"[26].

ALGUNOS TEMAS DE INVESTIGACIÓN DEL CONSTRUCTIVISMO

Ricardo Lucio anota cómo, durante los últimos años, el constructivismo ha inspirado muchas investigaciones educativas[27]. Se citarán a continuación tres de los temas a que hace alusión Lucio, mostrando su aplicación en la gestión del Consejo Académico:

- *Estrategias de aprendizaje*, esto es, "los mecanismos que tienden a facilitar el conocimiento". Se dirigen las investigaciones hacia el análisis de procesos de construcción, teniendo en cuenta el uso de estas estrategias, cómo se interrelacionan, de qué manera contribuyen al aprendizaje autónomo y si se asumen intencionalmente o en forma espontánea. En este campo tienen los integrantes de los Consejos Académicos una amplia gama de posibilidades de trabajo, no sólo para su propio desempeño como estudiosos de los temas del currículo, el plan de estudios y la evaluación, sino también para derivar inferencias que sean aplicables desde su función asesora, al desarrollo de las distintas áreas académicas.

- *Solución de problemas,* tema de investigación asociado a la inteligencia, del cual se mencionan "dos tipos de habili-

---

26. MORIN, Edgar: "Para la educación del futuro. Siete saberes". En: *Lecturas dominicales.* Periódico El Tiempo. Bogotá D.C., (13 de agosto de 2000); p. 8.

27. LUCIO, Op. cit., p. 10.

214

dades: unas de tipo general, cognitivas y metacognitivas, y otras de tipo específico, que tienen que ver con la materia o el tema mismo del problema". Ya se ha dicho que el objetivo fundamental del Consejo Académico no es el de centrar su trabajo únicamente en la respuesta a quejas o dificultades diarias planteadas por profesores, estudiantes o padres de familia. En este campo de la solución de problemas, los integrantes de dicho Consejo deben trascender la cotidianidad -sin desconocer la importancia del "día a día"- para llegar a profundizar en los temas universales del currículo, el plan de estudios y la evaluación, a fin de presentar propuestas con altos niveles de generalización, para ser adoptadas en las diferentes áreas, con espíritu investigativo y de proyección a la comunidad.

- *Contextualización de los procesos de conocimiento,* es decir, su relación con la cotidianidad, el medio cultural, la vida del aula y "los procesos de interacción social". Los integrantes del Consejo Académico no deben perder de vista que es necesario articular la producción teórica a la práctica diaria en la institución educativa. En este terreno se dirá que la validez en los procesos de construcción de conocimiento en el interior del Consejo Académico y los criterios, parámetros o decisiones que de allí se deriven, están asociados a las consideraciones que sus integrantes hagan del contexto en el cual se desenvuelven: estudio de las circunstancias culturales y políticas del medio, lectura de la propia historia institucional, reconocimiento y valoración de las características particulares del contexto familiar y social de los estudiantes, análisis de variables psicológicas específicas que intervienen en el desarrollo educativo, y otra serie de aspectos relacionados con la necesidad de tener en cuenta la contextualización de los procesos, o dicho en otras palabras, la visualización del propio entorno. Todo lo anterior se plantea en el marco de la labor del Consejo Académico, no sólo desde la perspectiva de lo estrictamente académico, sino en la asunción de su definitiva responsabilidad frente a lo cultural, lo político y lo social.

Planeación y desarrollo del trabajo académico con base en proyectos

Refiriéndose al tema de una "prospectiva de la educación", el Doctor Carlos Eduardo Vasco propone el "trabajo por proyectos", porque "el proyecto tiene la ventaja de ser un compromiso largo y exigente"[28].

El desarrollo de un proyecto, en la institución educativa o en un sector o localidad, permite la agrupación de personas alrededor de intereses comunes, crea expectativas académicas para el crecimiento de una comunidad y abre espacios de debate y reflexión. En este sentido, el proyecto se constituye en una estrategia viable para consolidar Consejos Académicos institucionales o locales, como centros de construcción de conocimiento y señala caminos para la constitución de redes como procesos de interacción, para abordar problemas y producir saber pedagógico.

A su vez, por medio de un proyecto se pueden fortalecer procesos de autonomía en las comunidades académicas, ya que se le da privilegio a las necesidades particulares de cada grupo

---

28. VASCO (1997), Op. cit., p. 25.

y se trabaja en equipo, sobre la base de formulación de metas comunes y de resolución de los propios problemas.

El trabajo centrado en proyectos resuelve, además, al fenómeno denominado por Louis V. Gerstner como el de los maestros-islas, ya que a través de la agrupación alrededor de un proyecto, se puede atender a "una característica de las escuelas del próximo siglo", como lo es la del "intento por quebrar el aislamiento", para que los maestros "planifiquen, intercambien información y aprendan los unos de los otros"[29].

El desarrollo del trabajo académico con base en proyectos, también, sienta las bases de las llamadas "organizaciones", como el "conjunto de personas, procesos y recursos materiales y de conocimiento e información, estructurado y ordenado deliberadamente para el cumplimiento de una tarea específica" (...) cuya "virtud esencial es su capacidad para liberar y realizar el inmenso potencial de interacción y creación social del ser humano"[30].

Se trata, entonces, del logro de un aprendizaje colectivo, de la producción de saber por parte de grupos académicos, de la búsqueda de alternativas frente a los problemas, del crecimiento de las comunidades y de la validación de prácticas de los Consejos Académicos institucionales y locales, sobre la base de la convivencia, la interacción productiva, la participación, el trabajo en equipo y la colaboración.

---

29. GERSTNER, Louis (1996): *Reinventando la educación.* Barcelona. Paidós, 1996, p. 135.

30. MISIÓN CIENCIA, EDUCACIÓN Y DESARROLLO, Op. cit., p. 182.

En este apartado se expondrá una forma de diseñar proyectos, con un ejemplo concreto, para crear comunidad académica, en la modalidad de *diálogo de saberes,* esto es, intercambio de ideas y criterios sobre un tema o problema concreto, construcción colectiva de conocimiento, confrontación con los pares y producción intelectual.

Para el caso particular, se ha tomado el siguiente tema: *La competencia comunicativa como eje del currículo escolar*[31].

Se propone para su desarrollo, un plan de trabajo que contiene los siguientes aspectos:

1.   Antecedentes
1.1. Proyecto local de Supervisión de Educación
1.2. Consolidación del Consejo Académico local
2.   Campo temático
3.   Justificación
4.   Objetivos
4.1. General
4.2. Específicos
5.   Metodología
6.   Perfil de participantes
6.1. Participantes
6.2. Criterios que han orientado la selección de los sujetos participantes
7.   Cronograma
8.   Resultados esperados

---

31. Este proyecto se diseñó con la orientación de las Doctoras Neyla Graciela Pardo Abril y Alix Susana Bautista.

9.	Estrategias de socialización
10.	Bibliografía
11.	Presupuesto

## 1.	ANTECEDENTES

### 1.1	PROYECTO LOCAL DE SUPERVISIÓN DE EDUCACIÓN

La propuesta *La competencia comunicativa: un eje del currículo escolar,* surge en el marco del proyecto de supervisión educativa local, titulado *Fortalecimiento de la autonomía institucional,* el cual abarca tres campos:

- Autoevaluación y crecimiento institucional
- Manejo de conflictos
- Consolidación del Consejo Académico Local

Este proyecto se ha venido llevando a cabo durante los últimos tres años, con instituciones de educación oficial y privada, pertenecientes a la localidad de Los Mártires de Bogotá D.C.

Para su desarrollo se han tenido en cuenta las siguientes estrategias:

- Los procesos relacionados con el campo correspondiente a la *autoevaluación y crecimiento institucional* se desarrollaron a través de la denominada *socialización entre pares,* lo cual implica que en las reuniones periódicas de los Supervisores de Educación con directivos y docentes de la localidad, se presentaron los resultados de la autoevaluación de todas las instituciones del sector oficial de la localidad y algunas del sector privado, y de manera comparativa se hizo un análisis de los resultados, se propusieron ajustes y se plantearon posibles alternativas de solución a diferentes problemas.

El Ministerio de Educación Nacional ha editado en su serie *Documentos de trabajo,* la guía titulada *Autoevaluación y mejoramiento institucional* (1997), con el ánimo de orientar este trabajo de reflexión en cada institución. Este documento propone dirigir el análisis hacia los procesos pedagógicos, los de administración y gestión escolar y los de participación comunitaria.

Con base en este instrumento del MEN se llevó a cabo la autoevaluación. Esta se constituyó en un verdadero intercambio de experiencias que enriqueció el trabajo en las instituciones y abrió espacios de debate y confrontación académica, permitiendo así el crecimiento institucional.

* Los procesos relacionados con el campo correspondiente al *manejo de conflictos* se desarrollaron a través de *estudios de caso.* En este sentido, se tomaron situaciones específicas de las instituciones educativas de la localidad, que se conocieron a través de quejas presentadas por padres o estudiantes ante los Supervisores de Educación. La selección se basó en el criterio de temas o aspectos recurrentes de estas denuncias, la mayoría de las cuales se centraron en problemas de la evaluación escolar, la convivencia y el derecho a la educación.

Adoptando parámetros de los libros *Investigación en educación* (Best, 1982), *La investigación total* (Cerda, 1991), *Cómo negociar a partir de la importancia del otro* (Ríos, 1997) y *Propuesta para el mejoramiento de la calidad de la educación en el D.C.* (Vasco et al, 1997), se elaboraron guías de trabajo para ser analizadas en grupo por parte de directivos, docentes, padres y estudiantes. Luego de este análisis se llevaron a cabo puestas en común con el fin de derivar conclusiones sobre cada caso estudiado.

Este trabajo permitió establecer la importancia del rector y los demás integrantes de los Consejos Directivo y Académico, para orientar y liderar procesos de solución de conflictos en las instituciones educativas.

* Los procesos relacionados con el campo correspondiente a la *consolidación del Consejo Académico local* se han iniciado a través de socialización de experiencias de innovación y jornadas pedagógicas sobre temas de interés para la comunidad educativa.

1.2 Consolidación del Consejo Académico local

Al respecto de este campo, por parte de la Supervisión de Educación de la localidad 14, se ha previsto un proceso que está determinado por las siguientes acciones:

* Programas de formación de maestros: Seminarios, foros, cursos o talleres para actualización de directivos y docentes en materia de gestión y tendencias pedagógicas. Para el desarrollo de esta acción se espera seguir contando con el apoyo de la Secretaría de Educación, en el sentido de inscribir a los docentes en las diferentes propuestas de actualización que ofrecen distintas instituciones del D.C., en el marco de desarrollo de procesos articulados a proyectos institucionales.

* Reuniones ordinarias con integrantes de los Consejos Directivos y Académicos de las instituciones de la localidad, para presentación y debate alrededor de experiencias educativas

de investigación e innovación. Estas reuniones son preparadas y coordinadas por la Supervisión de Educación.

- Estudio de documentos sobre temas académicos. Los integrantes de los Consejos Académicos analizan estos documentos en sus respectivas instituciones y luego se lleva a cabo una puesta en común, coordinada por la supervisión educativa.

- Jornadas pedagógicas[32] que se llevan a cabo con los integrantes de los Consejos Directivos y Académicos de las instituciones educativas de la localidad, para profundizar en temas académicos y promover el debate.

- Visita de supervisión a las instituciones educativas para asesorar a los integrantes de los Consejos Académicos sobre criterios de funcionamiento de dicho Consejo, características del PEI, plan de estudios, formas de evaluación y otros temas relacionados con los procesos pedagógicos adelantados en cada institución.

- Producción de documentos por parte de directivos y docentes, para su divulgación en todas las instituciones de la localidad, con miras a ser analizados y utilizados como referencia.

- Formación de redes de maestros

---

32. Se entiende por jornada pedagógica una sesión de tres a cuatro horas de duración, aproximadamente, para debatir temas de interés de los maestros, relacionados con su práctica profesional y plantear algunas alternativas de solución a problemas educativos institucionales o locales.

En este campo de la consolidación del Consejo Académico local se ha previsto el desarrollo del proyecto de *La competencia comunicativa: un eje del currículo escolar.*

Se busca, en primera instancia, el fortalecimiento de los Consejos Académicos institucionales. En este orden de ideas, se trata de promover *encuentros de saberes,* porque existe la necesidad de profundizar en temas específicos sobre el desarrollo pedagógico en las instituciones. Este trabajo requiere de personas expertas que preparen ponencias y talleres para directivos y docentes, así como de asesores especializados que orienten el estudio y la reflexión sobre dichos temas.

Lo anterior se ha previsto en el marco de los criterios del *Plan Decenal de Educación* que hacen referencia a procesos de formación de maestros que transformen y mejoren "significativamente la calidad de la educación en el país" y al desarrollo curricular y pedagógico basado en "acciones de innovación y resolución de problemas cruciales" en materia educativa.

De otra parte, se está considerando al Consejo Académico como una organización, desde la óptica de los comisionados para la *Misión Ciencia, Educación y Desarrollo.* Esta visión abre el camino para adaptar la propuesta de *encuentro de saberes* alrededor del tema de *la competencia comunicativa: un eje del currículo escolar,* al concepto de "organizaciones", como generadoras del cambio y centros de construcción de conocimiento.

En estas organizaciones se produce un intercambio de saberes, con su consecuente aprendizaje individual y colectivo. De su "estilo de administración" dependerá el "impacto educativo sobre sus miembros, pues puede formar para la democracia, la convivencia, la participación, la colaboración y el trabajo en equipo"[33].

2.   CAMPO TEMÁTICO

El encuentro de saberes estará mediado por el tema de *La competencia comunicativa como eje del currículo escolar.*

El término *competencia* fue utilizado por Noam Chomsky para referirse a "una gramática que se utiliza cuando los enunciados son producidos o interpretados. Esta gramática constituye la competencia lingüística subyacente". Según su punto de vista, la lingüística estructural, en oposición a "la gramática filosófica", ha mostrado que "existen en el lenguaje relaciones estructurales que pueden estudiarse abstractamente", lo cual implica que se supera el estudio de los fenómenos de estructura superficial, para pasar a "revelar los mecanismos subyacentes al aspecto creativo del lenguaje y a la expresión del contenido semántico"[34].

Dell Hymes toma la *competencia* como "el término más general", para referirse a las capacidades de una persona. Al respecto agrega que "la competencia depende del conocimiento (tácito) y del uso (habilidad para éste). El conocimiento es por consiguiente diferente de la competencia (ya que es parte de ésta)". Finalmente anota que "el objetivo de una teoría amplia de la competencia es mostrar las formas en que lo sistemática-

---

33. Misión Ciencia, Educación y Desarrollo, Op. cit., pág. 125.

34. CHOMSKY, Noam (1969): "Contribuciones de la lingüística al estudio del pensamiento". En: *Revista Eco.* Bogotá. Librería Buchholz , p. 89, 95, 96.

mente posible, lo factible y lo apropiado se unen para producir e interpretar la conducta cultural que en efecto ocurre..."[35].

El Profesor Guillermo Bustamante, refiriéndose al planteamiento de Chomsky sobre la competencia lingüística, habla de "los enunciados de un hablante-oyente-ideal, en una comunidad lingüística homogénea, lo que termina por promover una lengua standar como modelo", ante lo cual hace alusión a "los hablantes específicos, históricamente determinados (...) pertenecientes a una comunidad lingüística heterogénea"[36].

En el contexto de evaluación de estudiantes de 3° y 5° de educación básica, Bustamante asume "la especificidad de la competencia lingüística" como "producir y entender frases gramaticales y discriminar las agramaticales", en tanto la competencia comunicativa se entiende como "la producción y comprensión de actos significativos, materializados en diversos sistemas de signos, en situaciones comunicativas específicas"[37].

---

35. HYMES, Dell (1996): "Acerca de la competencia comunicativa". Traductor Juan Gómez Bernal. En: *Forma y función*. Revista del Departamento de Lingüística de la Facultad de Ciencias Humanas de la Universidad Nacional de Colombia. No. 9. Santa Fe de Bogotá D.C., p. 27, 31.

36. BUSTAMANTE, Guillermo (1996): *De la competencia comunicativa a la competencia significativa como objeto de evaluación masiva en el área de lenguaje*. En: Memorias del coloquio sobre evaluación en lengua materna. Universidad Distrital Francisco José de Caldas. Santa Fe de Bogotá D.C., p. 11.

37. Ibid, p. 10.

En este campo de la evaluación de estudiantes, el Servicio Nacional de Pruebas (SNP) del Instituto Colombiano para el Fomento de la Educación Superior ICFES, desde el segundo semestre de 1995 viene adelantando la transformación del Examen de Estado para ingreso a la educación superior. Esto, desde el criterio de tomar las competencias como objeto de la evaluación.

En este sentido, se habla de la competencia como "un saber hacer en contexto". Para el SNP "las competencias se circunscribirán a las acciones de tipo interpretativo, argumentativo y propositivo"[38].

Las acciones de tipo interpretativo se definen como aquellas que se dirigen a interpretar un texto, entendido éste no sólo desde el concepto lingüístico. Anota el SNP que este tipo de acciones se fundan "en la reconstrucción local y global de un texto".

En cuanto a las acciones de tipo argumentativo, señala el Servicio Nacional de Pruebas que son aquellas que tienen como fin dar razón de una afirmación "y que se expresan en la explicitación de los por qué de una proposición". Se asocian estas acciones al establecimiento de relaciones, a la fundamentación y a la demostración matemática, entre otros.

Las acciones de tipo propositivo se presentan como aquellas referidas a la generación de hipótesis, la resolución de problemas, la construcción de mundos posibles a nivel literario o la confrontación de perspectivas presentadas en un texto.

---

38 ICFES (1998): *Nuevo examen de Estado para el ingreso a la educación superior. Cambios para el siglo XXI.* Santa Fe de Bogotá D.C., p.17.

226

Retomando la competencia comunicativa propiamente dicha, ésta se ha entendido como "el conocimiento de un conjunto de saberes que permiten a los hombres la expresión de sus pensamientos, voliciones y necesidades"[39]. De otra parte, también se señala a la competencia comunicativa como "conocimiento del sistema lingüístico y de los códigos no verbales y de las condiciones de uso en función de los contextos y situaciones de comunicación y del diverso grado de planificación y formalización de esos usos concretos"[40].

Lo anterior significa que en el terreno del currículo escolar, la competencia comunicativa ha de estar asociada a criterios de articulación de áreas académicas y debe atender al concepto de lenguaje no sólo como medio de comunicación, sino como "principio dinámico y dialéctico (...) producto y productor de la actividad humana"[41].

En este campo juega papel importante la visión que se tenga de la lengua materna frente a los procesos curriculares, que debe ir más allá del hecho de ser tomada sólo como objeto de estudio de un área específica del saber, para pasar a considerarla como

---

39. POLO FIGUEROA, Nicolás et al. (1995): "Competencia comunicativa en niños de 4º a 7º grado de educación básica (informe de investigación)". En: *Forma y función.* Revista del Departamento de Lingüística de la Facultad de Ciencias Humanas de la Universidad Nacional. Santa Fe de Bogotá D.C., p. 99.

40. LOMAS, Carlos; OSORO, Andrés (1993): *El enfoque comunicativo en la enseñanza de la lengua.* Barcelona. Paidós, p. 24.

41. MORALES, Justo; CORTÉS, María Teresa (1997): *Discurso y desarrollo de la competencia comunicativa en la educación básica.* Santa Fe de Bogotá D.C. Trilce, p. 23.

"unidad comunicativa convergente del conocimiento de todas las áreas del currículo"[42].

En el tema específico del currículo, el Decreto 1860/94, reglamentario de la Ley General de Educación en Colombia, muestra una visión amplia que abarca los métodos de enseñanza, la organización de actividades, los fines de la educación, los objetivos de cada área y nivel, los indicadores de logro y los proyectos pedagógicos, entre otros.

Sobre este tópico, Joan Rué habla de "tres grandes planos"[43]. El primer plano ubica al currículo "como estructura académica o plan de estudios". Se basa en el concepto de planificación previa, como garantía de una calidad curricular.

En el segundo plano está el "currículo como contexto normativo de la interacción educativa", esto es, el currículo como regulador de la actuación de maestros y alumnos.

Finalmente, el tercer plano se dirige al "currículo como experiencia educativa", lo cual significa que no estaría determinado por la planificación, ni sería consecuencia directa de normas legales. Al contrario, "la creencia que avala esta propuesta es la de que el conjunto de las prácticas de centro y aula son los elementos que determinan la calidad del currículo".

Luego de hacer un recorrido por algunos de los modelos como el del racionalidad técnica, el del enfoque crítico y el de proceso, Rué destaca de este último el manejo que hace

---

42. MORALES, Op. cit., p. 18.

43. RUE, Juan (1996): "Currículo, concepciones y prácticas". En: *Cuadernos de pedagogía. No. 253.* Barcelona, p. 60.

de conceptos de "pluralidad del currículo y su equitatividad, la participación en elaboración y la consideración y análisis de la toma de decisiones curriculares por parte de los agentes educativos".

El proyecto *La competencia comunicativa: un eje del currículo escolar,* se ubica en este marco del concepto de currículo dinámico, en constante desarrollo y mejoramiento, construido por los miembros de la comunidad educativa con base en el estudio y análisis de su propio contexto y de las características particulares de la institución. Se trata del currículo como la estructura organizativa de la institución, en el orden de lo académico y administrativo, estructura que engloba la totalidad de las acciones inherentes al proceso educativo.

Para este tipo de diseño y desarrollo curricular se requiere un profesional de la educación como el que describe Luis Miguel Saravia: "El maestro de final de siglo embarcado en mejorar la calidad de la educación, en renovar el sistema educativo, (...) debe ante todo acceder al nuevo conocimiento, al nuevo saber"[44].

De otra parte, para efectos de esta propuesta, se considerará el desarrollo de la competencia comunicativa no únicamente como "la producción y comprensión de discursos óptimos en la lengua materna", sino como "la capacidad de generar pensamiento múltiple convergente y divergente, configurar alternativas diferentes de acción conjunta, participar activamente en los procesos de interacción social, y formar una conciencia crítica alta sobre nuestra propia realidad nacional"[45].

---

44. SARAVIA, Luis Miguel (1999): "El desempeño del maestro: una reflexión desde la acción". En: *Tablero*. Revista del Convenio Andrés Bello. No. 60. Santa Fe de Bogotá D.C., p. 8.

En este orden de ideas, para los integrantes de los Consejos Académicos de las instituciones educativas participantes en el proyecto se abrirá un espacio de interacción, con miras a reflexionar y debatir sobre experiencias y saberes curriculares desde las distintas áreas. En este marco de acción se espera formular alternativas para articular áreas de conocimiento y configurar planteamientos críticos que conlleven la necesidad de relacionar el contenido curricular con el quehacer investigativo en el aula y la realidad que vive el país.

En otras palabras, se trata de "incorporar un objetivo más ambicioso", como ha dicho Gardner: "La producción de una educación para la comprensión, una educación significativa", que se traduzca en producción y creación, superando las "actuaciones mecánicas, ritualizadas o convencionales"[46].

Retomando el punto de vista del Profesor Justo Morales podemos anotar que la competencia comunicativa considerada como uno de los ejes del currículo escolar, tendrá en cuenta básicamente cinco dimensiones. Para el proyecto que nos ocupa estas dimensiones se definen de la siguiente manera:

- *Producción y comprensión de diversos tipos de discursos.* Hace referencia, de una parte, al dominio de la lengua en los campos de las diferentes áreas del currículo, teniendo en cuenta la interpretación y expresión escrita de textos

---

45. MORALES, Op. cit., p. 20.

46. GARDNER, Howard (1995): *Inteligencias múltiples. La teoría en la práctica.* Barcelona. Paidós, p. 240.

para aproximarse a una significación de la realidad objeto de un saber específico.

Esta óptica se refiere no sólo al dominio de unas reglas o normas de la lengua, lo cual reduciría el trabajo al manejo de la competencia lingüística, sino que contiene la idea de la interacción social y la articulación de las áreas, tomando como centro la construcción de un saber pedagógico. En este sentido, se abonará el terreno para el diseño de un currículo que en el "espíritu de la nueva educación debe ser entendido como el conjunto de actividades y procesos que intencional y consensualmente se programen para cumplir con los objetivos de la educación expresados en la ley 115 y en cada PEI"[47].

De otra parte, se consideran también en esta dimensión distintos tipos de discurso —además del lingüístico— que generan lectura e interpretación, contexto en el cual se debe entender que el currículo creará las condiciones para que maestros y estudiantes puedan leer los códigos de sus propias culturas.

Neyla Pardo habla de la cultura como "una organización jerárquica de sistemas semióticos, como la coexistencia de textos, desempeñando funciones y como mecanismo generador de textos" y afirma que "reflexionar semióticamente la cultura es en esencia crear diálogos entre los textos que la constituyen y uno de ellos es el hombre mismo"[48].

---

47. Ministerio de Educación Nacional (1996), Op. cit. p. 34.

48. PARDO ABRIL, Neyla Graciela (1995): *Introducción a la semiótica. Signo y cultura.* Facultad de Ciencias Sociales y Humanas de UNISUR. Santa Fe de Bogotá D.C., p. 93.

La competencia comunicativa como un eje del currículo escolar, desde esta dimensión de la lectura de distintos discursos, se traducirá en una mayor productividad en el terreno de la construcción de categorías para articular las áreas académicas y una verdadera comprensión del discurso como unidad de significación, a través de cuya lectura se podrá interpretar la acción humana.

- *Generación de pensamiento múltiple convergente y divergente.* En esta dimensión se atiende preferentemente al sentido dinámico, en el contexto de lo que se podría denominar como "estilos de pensamiento".

El pensamiento comporta una serie de actividades mentales para interactuar con el medio que nos rodea, aprehender la realidad y construir conocimientos. En su connotación de ser múltiple, el pensamiento se aleja de la unidireccionalidad para enfocar los fenómenos, analizar los problemas, describir las situaciones o buscar soluciones a las dificultades.

Para el proyecto que nos ocupa, en el marco de la competencia comunicativa, esto significa que desde el saber particular de las distintas áreas académicas se tendrá un denominador común, referido a la forma como los integrantes de los Consejos Académicos asumen la comprensión del objeto de estudio de su área específica y la manera como articulan este saber con el de las otras áreas y, en general, con los procesos y acciones de la vida diaria en la institución educativa. Este proceso lleva implícita, entre otras, la idea de poseer la capacidad para plantearse preguntas, proponer diferentes alternativas de respuesta, reflexionar acerca de los fenómenos, clasificar, formular hipótesis o hacer inferencias; el manejo de la argumentación, la crítica y el establecimiento de relaciones; la iniciativa para explorar distintas posibilidades de acción y para elaborar modelos de interpretación de la realidad.

Basados en su pensamiento múltiple convergente y divergente, los integrantes del Consejo Académico tendrán una mirada diferente del currículo escolar, para poder acceder a estructurarlo con criterios de diseño de estrategias novedosas de aprendizaje, consideración de núcleos temáticos de interés para los estudiantes y redireccionamiento de algunas concepciones convencionales sobre el quehacer del maestro, desde la lectura de su propia cultura, en el marco ya visto anteriormente de la producción y comprensión de diversos tipos de discursos.

- *Configuración de alternativas diferentes de acción conjunta.* En esta dimensión juega papel primordial el trabajo en equipo, no sólo en su sentido de agrupación de personas en torno a fines comunes, sino de articulación significativa de áreas académicas, sobre la base del criterio y la convicción de compartir saberes, con el ánimo de iniciar procesos de construcción de conocimiento. Esta articulación se hará en torno a unos mismos procesos, tomando como base la generación del pensamiento múltiple convergente y divergente, en el marco de la producción y comprensión de diversos tipos de discursos.

Desde el ángulo de la competencia comunicativa, la acción conjunta frente al currículo escolar tendrá como pilar fundamental la variedad de alternativas que combinarán el trabajo interinstitucional, la realización de talleres teniendo en cuenta criterios de interdisciplinariedad y otras formas de trabajo que surjan como iniciativa de los grupos participantes en el proyecto.

- *Participación activa en los procesos de interacción social.* Esta dimensión hace referencia al crecimiento individual y colectivo que se da en los grupos de trabajo gracias a una verdadera participación activa que consiste en aportar ideas, interrogarse e interrogar a los demás sobre los diferentes temas abordados en los encuentros de interacción, presentar propuestas y plantear alternativas de mediación.

  En este campo, la generación de conflictos socio-cognitivos se dará en la confrontación de puntos de vista provenientes de diferentes acciones de la práctica pedagógica de los maestros.

  En lo concerniente al currículo escolar, esta dimensión cobra fuerza en el desarrollo de un trabajo mancomunado (directivos, maestros, estudiantes y padres de familia).

- *Formación de una conciencia crítica sobre la propia realidad nacional.* Esta quinta dimensión hace referencia a "los conocimientos que los hombres interiorizan acerca de los textos propios de su cultura" y que "constituyen parte fundamental de la competencia comunicativa, la cual se ha entendido como la capacidad de saber y hacer con el lenguaje, en condiciones sociocomunicativas concretas"[49].

  La articulación de las diferentes áreas académicas permitirá una visión integral de la realidad y acercará a los directivos y maestros a la reflexión crítica sobre los fenómenos históricos, políticos y sociales que afectan al país. El saber específico de cada área debe tender a esta visión analítica

---

49. PARDO, Op. cit., pág. 58.

de la propia historia y a la formación del estudiante como transformador de su propia realidad.

3. JUSTIFICACIÓN

El proyecto *La competencia comunicativa: un eje del currículo escolar,* se considera de interés para la comunidad educativa porque:

- A lo largo del proceso que se ha descrito en relación con el proyecto local de supervisión de educación, se han detectado en muchas instituciones problemas relacionados con la asunción de la competencia comunicativa en el marco de la articulación de las áreas académicas. También se advierten bastantes restricciones en cuanto a su concepción hace referencia, porque aún se maneja el concepto de la parcelación de competencias, llegando hasta el extremo de pensar que los aspectos relacionados con esta competencia están referidos únicamente a las áreas de español, literatura y lenguas extranjeras, y en este campo se han reducido a la consideración de las cuatro habilidades comunicativas de escuchar, hablar, leer y escribir.

  En este sentido, propiciar encuentros entre maestros e investigadores que han profundizado en estos temas será de gran impacto, en cuanto hace referencia a la actualización de los docentes y al desarrollo de los Proyectos Educativos Institucionales PEI.

- Se requiere del fortalecimiento de los Consejos Académicos institucionales para llegar a consolidar un Consejo Académico local. En este aspecto, propiciar encuentros de saberes, en forma organizada, contribuirá al enriquecimiento mutuo, a través del intercambio de experiencias. Igualmente se afianzará el papel del Consejo Académico, como centro de debates y construcción de conocimiento, con miras a fortalecer los procesos pedagógicos en la institución educativa. De esta manera, se podrán sentar las bases para abrir el camino hacia la consolidación del Consejo Académico local.

- A su vez, de un encuentro de saberes programado como parte de un proyecto más amplio, como en el caso que nos ocupa, surgirá la necesidad de diseñar proyectos de innovación e investigación y se abrirá el camino para la solución de problemas en las instituciones educativas.

4. Objetivos

4.1 Objetivo general

Generar y aplicar una estrategia para llevar a cabo un encuentro de saberes cuya estructura permita el diálogo productivo entre investigadores y maestros de instituciones de pre-escolar, educación básica y media del D.C., con miras al fortalecimiento de los PEI.

4.2 Objetivos específicos

- Abrir un espacio de debate y reflexión entre los integrantes de los Consejos Académicos de diez instituciones educativas de la localidad 14, alrededor del tema de la competencia comunicativa como eje articulador del currículo escolar.

- Intercambiar experiencias y conocimientos acerca de la apropiación del concepto de competencia comunicativa en el marco de las diferentes áreas del currículo escolar.

236

- Determinar criterios para la elaboración del diseño curricular con base en el concepto de competencia comunicativa.

- Producir y divulgar tres artículos o ensayos para profundizar en el tema de la competencia comunicativa desde las cinco dimensiones a que se ha hecho referencia en este proyecto y teniendo en cuenta el propósito de abrir el camino hacia una educación para la comprensión.

5. METODOLOGÍA

El proyecto *La competencia comunicativa: un eje del currículo escolar,* se llevará a cabo teniendo en cuenta seis etapas de trabajo, cada una con sus respectivas fases.

Se entiende como etapa una estructura en el tiempo, que articula una serie de fases y tiene un núcleo de acción específico. Las acciones propias de cada una de las fases correspondientes a las cinco etapas, se consideran como momentos pedagógicos de diálogo, debate, reflexión e intercambio de experiencias y conocimientos. Estos momentos pedagógicos se caracterizarán por su tendencia a la de-construcción y construcción de saberes pedagógicos alrededor de las áreas del currículo escolar, teniendo como eje el tema de la competencia comunicativa en el marco de las cinco dimensiones planteadas en esta propuesta y la meta de abrir el camino hacia la producción de una educación para la comprensión.

A continuación se relacionan los detalles específicos de cada ctapa:

Etapa I: Preparación previa

Fases: Inscripción de instituciones participantes, asunción de compromisos y preparación de materiales.

Luego de inscribir formalmente a las diez instituciones y firmar los respectivos compromisos de participación y trabajo, el equipo académico que presenta este proyecto procederá a elaborar los materiales de lectura para la preparación inicial de directivos y docentes en el tema de la competencia comunicativa y para la comprensión de su función y responsabilidad como integrantes de los Consejos Académicos de las instituciones.

Etapa II: Exploración

Fases: Sensibilización y análisis de materiales.

Se centran estas dos fases en el conocimiento mutuo de los participantes en el proyecto, la expresión de sus expectativas frente al trabajo, la elaboración conceptual sobre el deber ser del Consejo Académico en las instituciones educativas y el intercambio de experiencias frente a los niveles de desarrollo de la competencia comunicativa como un eje del currículo escolar.

A su vez, se leerán y analizarán los materiales que se han preparado en la etapa anterior, para adentrarse en el estudio del tema del proyecto y adquirir la preparación suficiente para la sesión con el experto.

238

Etapa III: Fundamentación

Fases: Ponencia y taller, a cargo de un experto (se trabajará por separado con los Consejos Académicos de cada jornada: la mañana y la tarde).

En esta etapa el experto dictará una ponencia a los integrantes de los Consejos Académicos de las instituciones participantes y luego llevará a cabo un taller. Ponencia y taller estarán centrados en el tema de la competencia comunicativa, con el fin de fundamentarlo teóricamente y abrir un espacio para la proyección de dicha teoría en el terreno práctico del diseño curricular. Los directivos y maestros trabajarán en grupos interdisciplinarios, para continuar los procesos de articulación de áreas ya iniciados en la etapa anterior.

Etapa IV: Contrastación

Fases: Estudio a fondo de la ponencia base de la etapa III, asesoría institucional por parte del equipo académico que presenta esta propuesta, producción de nuevos materiales sobre el tema de la competencia comunicativa y sistematización de la información que resulte como producto del trabajo de contrastación.

Se trabajará en dos grandes sub-grupos, de cinco instituciones cada uno, para enriquecer el proceso con aportes diferentes a los propios de cada institución educativa.

Cada sub-grupo estudiará la ponencia y elaborará un informe que contenga sus puntos de vista sobre el contenido del documento, un comentario crítico y las inquietudes surgidas a propósito de la lectura. La asesoría de los miembros del equipo académico estará centrada en la solución de preguntas y la aclaración de dudas sobre el tema de la ponencia.

Con posterioridad a la asesoría, el equipo académico sistematizará la información que surja de la reunión de asesoría y de los demás materiales que se produzcan a raíz del estudio a fondo de la ponencia desarrollada por el experto en la etapa III. Este nuevo documento será conocido por dicho experto para la preparación de la última etapa del proceso.

Etapa V: Re-elaboración conceptual

Fases: Conferencia, intercambio de saberes y revisión final de materiales.

En esta etapa se reunirán los integrantes de los Consejos Académicos de las dos jornadas con el fin de participar de la conferencia final del experto, que ha sido preparada con base en la información sistematizada sobre dudas, interrogantes y aportes que los integrantes de los Consejos Académicos han expuesto como producto del desarrollo de la etapa IV de contrastación.

Se llevará a cabo un intercambio de saberes entre los dos subgrupos que se formaron en la etapa anterior, y entre éstos y el experto. Se revisará el material producido y se determinarán estrategias para su divulgación.

Etapa VI: Socialización

Fase: Divulgación.

En esta etapa se divulgará la experiencia, de acuerdo con las estrategias determinadas en la etapa anterior.

6. Perfil de los participantes

6.1 Participantes

- Un director, un asesor, un asistente y un conferencista-tallerista.

- Directivos y maestros integrantes de los Consejos Académicos de instituciones educativas de la localidad 14: Rectores, Directores, Coordinadores Académicos, Orientadores y Maestros de las distintas áreas, para un total de 60 personas, pertenecientes a instituciones educativas del sector oficial y privado.

6.2 Criterios que han orientado la selección de los sujetos participantes

- Se han tenido en cuenta los Consejos Académicos, en virtud del rol que desempeñan como dinamizadores del desarrollo de la práctica pedagógica en la institución.

- En lo referente al director del proyecto, el asesor, el asistente y el conferencista - tallerista, se deben tener en cuenta su formación académica, su trayectoria en el campo educativo, las publicaciones sobre el tema del *encuentro de saberes* y otros temas afines, la experiencia en los campos docente e investigativo y su disponibilidad para participar en el desarrollo del proyecto.

- Se estudiará el perfil de cada persona, en relación con las funciones establecidas para su desempeño. Dichas funciones se transcriben a continuación:

Director:

- Dirigir la planeación, ejecución y evaluación de la propuesta.

- Asumir la responsabilidad académica del proyecto.

- Coordinar las diferentes actividades del proyecto.

- Programar y organizar las sesiones de trabajo y los encuentros de los participantes.

- Articular las etapas del proyecto y sus diferentes fases.

- Hacer un seguimiento y evaluación de las etapas programadas y de sus respectivas fases.

- Coordinar acciones para el logro de los objetivos del proyecto.

- Preparar los informes correspondientes al desarrollo del proyecto.

Asesor:

- Orientar el desarrollo del proyecto en las dimensiones epistemológica, filosófica, lingüística y pedagógica.

- Participar en la planeación, ejecución y evaluación de la propuesta.

- Evaluar los materiales que se produzcan.

- Orientar el contenido de la ponencia, talleres y conferencia.

Asistente:

• Colaborar con el equipo en el diseño de la propuesta.

• Colaborar con el director en la preparación de los eventos contemplados en la propuesta.

• Asistir a los eventos programados y elaborar protocolos.

• Participar en la organización de las actividades planeadas.

• Aportar sus conocimientos de carácter pedagógico y psicológico pertinentes a la propuesta.

Conferencista - Tallerista:

• Preparar la ponencia escrita sobre el tema de la competencia comunicativa.

• Desarrollar la ponencia en las sesiones previstas.

• Preparar y realizar los talleres para los Consejos Académicos (jornadas de la mañana y de la tarde).

• Preparar y dictar una conferencia con base en el análisis de los documentos realizados por los integrantes de los Consejos Académicos participantes en el diálogo de saberes correspondiente a la Etapa IV del proyecto.

Integrantes de los Consejos Académicos de las diez instituciones:

• Participar en las diferentes actividades programadas para el desarrollo del proyecto.

- Leer los materiales que les sean entregados y presentar comentarios críticos y aportes sobre el contenido de los mismos.

- Socializar las experiencias y conocimientos con los maestros de la institución educativa que no hacen parte del Consejo Académico.

- Producir textos relacionados con el tema del proyecto.

7. CRONOGRAMA

ETAPAS	FASES	ACTIVIDADES	DURACIÓN (meses calendario escolar)
Preparación previa	• Inscripción de instituciones • Asunción de compromisos • Preparación de materiales	Preparación de formatos específicos y comunicados de convocatoria. Consulta bibliográfica. Elaboración y revisión de materiales.	2 meses a partir de la fecha de firma del contrato
Exploración	• Sensibilización • Análisis de materiales	Preparación de reuniones. Elaboración de comunicados de convocatorias. Coordinación de las reuniones. Elaboración de guías para análisis de materiales. Seguimiento del proceso.	1 mes y medio

ETAPAS	FASES	ACTIVIDADES	DURACIÓN (meses calendario escolar)
Fundamentación	• Ponencia • Taller	Reuniones del equipo académico de la entidad proponente con el conferencista-tallerista. Acuerdos sobre contenido de ponencia y talleres, y sobre fechas de presentación de texto escrito. Preparación de la sesión de encuentro con directivos y docentes. Preparación de materiales para las sesiones. Convocatoria. Desarrollo de las sesiones.	1 mes
Contrastación	• Estudio de ponencia • Asesoría institucional • Producción de materiales • Sistematización de información	Elaboración de plan de trabajo de visita institucional. Asesoría a los dos sub-grupos. Elaboración de informes y otros textos por parte de los integrantes de los Consejos Académicos. Recolección de informes y otros materiales. Preparación del informe de sistematización.	1 mes y medio

ETAPAS	FASES	ACTIVIDADES	DURACIÓN (meses calendario escolar)
Re-elaboración conceptual	• Conferencia • Intercambio de saberes • Revisión final de materiales	Reunión con el conferencista - tallerista para presentación y análisis de informe de sistematización. Preparación de la reunión conjunta de directivos y docentes de las dos jornadas. Preparación de materiales. Convocatoria. Preparación de instrumento de evaluación del proyecto. Desarrollo de la reunión conjunta.	1 mes
Socialización	• Divulgación	Desarrollo de un panel. Divulgación (en las instituciones y a través de los medios de comunicación) de los ensayos producidos durante el desarrollo del proyecto.	3 meses

8.   RESULTADOS ESPERADOS

Como logros de la propuesta *La competencia comunicativa: un eje del currículo escolar,* se espera que los participantes en el proyecto:

- Identifiquen la competencia comunicativa desde las cinco dimensiones planteadas en esta propuesta, tomando como marco la apertura hacia una educación para la comprensión.

- Confronten algunos pre-conceptos sobre el tema de la competencia comunicativa y re-elaboren sus propios conceptos, demostrando una mayor cualificación en su propia competencia comunicativa.

- Elaboren conceptualmente el tema de la competencia comunicativa como eje del currículo escolar, para la articulación de las distintas áreas académicas.

- Manifiesten por escrito el desarrollo de su propia competencia comunicativa, a través de la elaboración de algún texto.

- Determinen criterios derivados del tema de la competencia comunicativa, para aplicar al diseño curricular.

- Demuestren que el encuentro de saberes presentado en esta propuesta se constituye en centro de intercambio de prácticas pedagógicas concretas en el aula y fuente generadora de proyectos de innovación o investigación.

9. ESTRATEGIAS DE SOCIALIZACIÓN

Para garantizar el conocimiento de la experiencia por parte de otros grupos y personas, se han previsto los siguientes mecanismos:

- Divulgación en las instituciones educativas de la localidad de los artículos o ensayos más relevantes, producidos durante el desarrollo del proyecto.

- Panel a cargo de algunos representantes de los Consejos Académicos, sobre el tema de la competencia comunicativa como un eje del currículo escolar.

- Presentación de uno de esos artículos o ensayos ante los directivos de un órgano de difusión de experiencias pedagógicas, a nivel distrital o nacional, para que sea considerada su publicación.

- Solicitud ante los directivos de los programas radiales del magisterio: *Escuela País* o *Proyección,* para que sea considerada la posibilidad de informar sobre el desarrollo del proyecto y sus resultados.

10. BIBLIOGRAFÍA

BEST, John (1982): Cómo *investigar en educación.* Madrid. Morata.

BUSTAMENTE, Guillermo (1995): "Competencias relativas al lenguaje y transformación educativa". En: *Pedagogía y Saberes.* Revista de la Facultad de Educación de la Universidad Pedagógica Nacional. No. 6. Santa Fe de Bogotá.

BUSTAMENTE, Guillermo (1996): "De la competencia comunicativa a la competencia significativa como objeto de evaluación masiva en el área de lenguaje". En: *Memorias del Coloquio sobre evaluación en lengua materna.* Universidad Distrital Francisco José de Caldas. Santa Fe de Bogotá D.C.

CARDONA, Giorgio Raimondo (1994): *Los lenguajes del saber.* Barcelona. Gedisa.

CERDA, Hugo (1991): *Los elementos de la investigación.* Santa Fe de Bogotá D.C. El Búho.

CHOMSKY, Noam (1969): "Contribuciones de la lingüística al estudio del pensamiento". En: *Revista ECO.* Librería Buchholz. Tomo XIX/1. Bogotá.

GARDNER, Howard (1995): *Inteligencias múltiples. La teoría en la práctica.* Barcelona. Paidós.

GERSTNER, Louis et all (1996): *Reinventando la educación.* Barcelona. Paidós.

HYMES, Dell (1996): "Acerca de la competencia comunicativa". Traductor Juan Gómez Bernal. En: *Forma y función.* Revista del Departamento de Lingüística de la Facultad de Ciencias Humanas de la Universidad Nacional de Colombia. No. 9. Santa Fe de Bogotá D.C.

ICFES (1998): *Nuevo Examen de Estado para el ingreso a la educación superior. Cambios para el siglo XXI.* Santa Fe de Bogotá D.C.

JURADO, Fabio (1995): "Investigación y escritura en el quehacer de los maestros". En: *Pedagogía y saberes.* Revista de la Facultad de Educación de la Universidad Pedagógica Nacional. No. 6. Santa Fe de Bogotá D.C.

LOMAS, Carlos y OSORO, Andrés (1993): *El enfoque comunicativo en la enseñanza de la lengua.* Barcelona. Paidós.

LLINÁS, Rofolfo, VASCO, Carlos Eduardo (1997): *Colombia al filo de la oportunidad.* Santa Fe de Bogotá D.C. IDEP.

MINISTERIO DE EDUCACIÓN NACIONAL. (1996): *Plan Decenal de Educación.* Magisterio. Santa Fe de Bogotá D.C.

___________. (1997): *Autoevaluación y mejoramiento institucional.* Santa Fe de Bogotá D.C.

___________. (1998): *Lineamientos generales de procesos curriculares.* Santa Fe de Bogotá D.C.

MORALES, Justo y CORTÉS, María Teresa (1997): *Discurso y desarrollo de la competencia comunicativa en la educación básica.* Santa Fe de Bogotá D.C. Trilce.

OLSON, David R. (1998): *El mundo sobre el papel. El impacto de la escritura y la lectura en la estructura del conocimiento.* Barcelona. Gedisa.

PARDO ABRIL, Neyla Graciela (1995): *Introducción a la semiótica. Signo y cultura.* Facultad de Ciencias Sociales y Humanas de UNISUR. Santa Fe de Bogotá D.C.

___________________ (1996): "El discurso de la ciencia en la escuela". En: *Forma y función.* Revista del Departamento de Lingüística de la Facultad de Ciencias Humanas de la Universidad Nacional. Santa Fe de Bogotá D.C.

POLO FIGUEROA, Nicolás et all (1995): "Competencia comunicativa en niños de 4° a 7° grado de educación básica (informe de investigación)". En: *Forma y función.* Revista del Departamento de Lingüística de la Facultad de Ciencias Humanas de la Universidad Nacional. No. 8. Santa Fe de Bogotá D.C.

RÍOS, José Noé (1997): *Cómo negociar a partir de la importancia del otro.* Santa Fe de Bogotá D.C. Planeta.

RUÉ, Juan (1996): "Currículo. Concepciones y prácticas". En: *Cuadernos de pedagogía. No. 253.* Barcelona.

SARAVIA, Luis Miguel (1999): "El desempeño del maestro: una reflexión desde la acción". En: *Tablero.* Revista del Convenio Andrés Bello. No. 60. Santa Fe de Bogotá D.C.

11. PRESUPUESTO

Aunque siempre es preciso especificar la inversión económica, para este caso sólo se relacionarán, de manera general, algunos de los rubros que se deben tener en cuenta dentro del presupuesto:

- Asesorías profesionales y técnicas

- Material pedagógico

- Papelería y materiales fungibles

- Recursos físicos y equipos

- Administración del proyecto

Consolidación de Consejos Académicos como centros de construcción de conocimiento y su relación con la autonomía institucional

A lo largo de este capítulo se ha visto cómo se pueden consolidar Consejos Académicos en las instituciones educativas o en un determinado sector o localidad, como centros de interacción de maestros, con el fin de desarrollar procesos de construcción de conocimiento.

Para lograr una amplia y variada producción académica como resultado de la interacción mencionada y del aprendizaje continuo entre los integrantes de los Consejos Académicos, se hace indispensable la existencia de unas condiciones de organización, preparación, proyección de trabajo en equipo y determinación de criterios para interactuar y comunicarse.

Como se ha detallado en este capítulo, el rector, quien preside el Consejo Académico, los demás directivos dela institución y los maestros, deben abordar algunos temas y profundizar en ellos, a fin de hacer claridad y fijar principios frente al hecho educativo. En este sentido, se ha visto la necesidad de intercambiar conceptos sobre los siguientes aspectos:

- El significado de ser maestro, teniendo en cuenta la relación con los estudiantes, el aporte de la familia, la participación como guía u orientador en el proyecto de vida de los niños y adolescentes y la influencia en el desarrollo de procesos de conocimiento y en el amor al estudio que los estudiantes forjen, como consecuencia de la acción del maestro.

- El deber ser del Consejo Académico, desde seis perspectivas, a saber: legal, metodológica, pedagógica, epistemológica, semiótica y ética.

- La construcción de conocimiento, en el marco de los procesos cognitivos y el aprendizaje significativo.

- El desarrollo del trabajo académico con base en proyectos, para superar las barreras del aislamiento de los maestros y propiciar encuentros de saberes y formación de redes académicas.

Consolidar Consejos Académicos, a la luz de las directrices del debate y la producción intelectual alrededor de los temas y acciones antes propuestos, fortalecerá la autonomía de las instituciones educativas, en tanto los directivos y maestros, en general, participan en la elaboración de estos procesos, se fijan metas comunes, atienden a sus necesidades y expectativas, y trazan derroteros de trabajo acordes con el análisis de la situación particular de cada institución, la necesidad de responder desde su iniciativa particular a los propios problemas y la demostración de su "mayoría de edad" frente a la responsabilidad de gestión institucional, como profesionales de la educación.

BIBLIOGRAFÍA

BUSTOS COBOS, Félix. "Peligros del constructivismo". En: *Educación y cultura*. Revista de la Federación Colombiana de Educadores FECODE, No. 34 (abril de 1994), p. 22-29.

CARRETERO, Mario (1993): *Constructivismo y educación*. Buenos Aires. Aique.

DE AZEVEDO, Fernando (1976): *Sociología de la educación*. México D.F. Fondo de Cultura Económica.

DELORS, Jacques (pres.) (1996): *La educación encierra un tesoro. Informe a la UNESCO de la Comisión Internacional sobre la educación para el siglo XXI*. Madrid. Santillana.

DIJK, Teun A van (1983): *La ciencia del texto*. Barcelona. Paidós Comunicación.

ECO, Umberto (1985): *Obra abierta*. Barcelona. Planeta-Agostini.

FAURE, Edgar (1982): *Aprender a ser*. Madrid. Alianza.

FREIRE, Paulo (1992): *La educación como práctica de la libertad*. México D.F. Siglo XXI.

GADAMER, H. G. (1984): *Verdad y método*. Salamanca. Sígueme.

GALLEGO-BADILLO, Rómulo (1995): *Corrientes constructivistas. De los mapas conceptuales a la teoría de la transformación intelectual.* Magisterio. Santa Fe de Bogotá D.C.

GERSTNER, Louis (1996): *Reinventando la educación.* Barcelona. Paidós.

GÓMEZ BUENDÍA, Hernando (editor) (1998): *Educación. La agenda del el siglo XXI. Hacia un desarrollo humano.* Programa de Naciones Unidas para el Desarrollo PNUD. Santa Fe de Bogotá D.C. Tercer Mundo Editores.

LUCIO, Ricardo. "El enfoque constructivista en la educación". En: *Educación y cultura.* Revista de la Federación Colombiana de Educadores FECODE, No. 34 (abril de 1994), p. 6-12.

MISIÓN CIENCIA, EDUCACIÓN Y DESARROLLO (1997): *Colombia al filo de la oportunidad.* Santa Fe de Bogotá D.C., Instituto para la Investigación Educativa y el Desarrollo Pedagógico IDEP.

MORIN, Edgar: "Para la educación del futuro". Siete claves. En: *Periódico El Tiempo.* Bogotá D.C. (13 de agosto de 2000), p. 8.

PIAGET, Jean (1975): *A dónde va la educación.* Barcelona. Teide S.A.

SANZ ADRADOS, Juan José (1983): "Cultura y educación popular en América Latina". En: *Educación y cultura popular latinoamericana.* Santa Fe de Bogotá D.C. Nueva América, p. 103-125.

SAVATER, Fernando (1997): *El valor de educar.* Barcelona. Ariel S. A.

VASCO, Carlos; VILLAVECES, José Luis (1997): *La escuela del próximo milenio. Propuesta para el mejoramiento de la calidad de la educación en el Distrito Capital.* Santa Fe de Bogotá D.C. Secretaría de Educación D.C. Universidad Externado de Colombia.

VYGOTSKI, Lev S. (1996): *El desarrollo de los procesos psicológicos superiores.* Barcelona. Crítica.

YEPES PARRA, Antonio: "Significado de la educación. Atraso nacional". En: *Periódico El Tiempo.* Bogotá D.C. (13 de agosto de 2000), p. 7-8.

YUNIS, Emilio: "Diagnóstico del país desde la ciencia." ¿Dónde estamos? En: *Periódico El Tiempo. Bogotá D.C. (23 de julio de 2000), p. 7.*

Made in the USA
Monee, IL
07 July 2026

56548199R00144